「はじめの一歩教室」やってるよ！

——名古屋の自主夜間中学奮闘記

高橋龍介／編著

同時代社

「はじめの一歩教室」やってるよ！——名古屋の自主夜間中学奮闘記／目次

第二章　二〇二五年春に開設される公立夜間中学との連携を模索——87

はじめに

私たちは愛知県名古屋市内で、「自主夜間中学　はじめの一歩教室」（笹山悦子代表、以下、一歩教室と表記）を開いています。そして、そこに通ってくる人たちに日本語や小中学校の教科書を一緒に読み、考えています。「あ、わかった！」と答えてくれるよう、ささやかな努力を続けています。さまざまな人たちがやってきます。子どもも大人もいます。国籍も、これまで生きてきた人生の軌跡もさまざまです。

ささやかというのは、それが週に一度だけで、彼らを支えるのも、現職の教員や元教員のような教える専門技術を持った人だけでなく、専門家ではない地域の大人たち学生たちもボランティアとしてかかわっているからです。日本で生まれ育った人も、日本にやってきた人も、とにかく何かの支えが必要な人たちに、「ここにきてよかった」といってもらいたいと願っています。それがボランティアを続けている理由です。

文字を読むことができ、理解できるようになりたい。「形式卒業」はしたけれど、ちゃんと勉強し直して高校に行きたい。日本で働くパパ、ママを助けるために日本語や勉強をがんばりたい。そして大学にもいってみたい。日本で働きたい。自分の力を試してみたい。さまざまな目標を持った人を支え、励ますのですが、簡単ではありません。しかしみんな私たちと同じ地域で暮らしています。学校のテストで七十点取りたい。日本語能力試験（ＪＬＰＴ）二級に合格したい。一級に合格したい。街で見かける看板に何が書いてあるのか知りたい。美しい物語を読みたい。そして感動してみたい。みんながそれぞれの目標を持っています。それを達成することで次の、そのまた次の目標が生まれ、そうすることでやがてその人の心に自信が育まれるのです。自分を尊敬する心が生まれるのです。彼らが学び直し、元気になり、社会に参加し、毎日を意欲的に過ごすことが、結局は地域の力になるのです。社会のために、国のために人は学ぶのではありません。そうではなく、学ぶ喜びを覚え、自分の力を大きく深く培っていくことが、結果的に社会のために、国のためになるのです。

競争の道具のための勉強を強いることだけが教育ではありません。教育は少数の勝者をつくりだすためにあるのではありません。人は国の繁栄のため、経済成長のために生きているのではありません。逆です。人が幸福を実現するためにこそ、国があるべきなのです。だからこそ国は、この国で生きているだれもが幸福になるような仕組みをつくり、提供しなければなりません。

二〇一六年に成立した「義務教育の段階における普通教育に相当する教育の機会の確保等に関する法律」（教育機会確保法）は、まさにそのための法律です。この法律ができあがるまでに地域社会で、地道な努力を続けてこられた全国の多くの先達がおられます。その息の長いご努力に改めて敬意を表します。この方々の不断の取り組みがなかったならば、法律ができるのはまだ遠い先だったかもしれず、あるいはこの先もできなかったかもしれません。

一歩教室の活動が始まる四年前に、教育機会確保法が成立しました。法律には、公立の夜間中学を運営する県や市などは、「支援活動を行う民間の団体」などをメンバーとする協議会をつくることができると書かれました。その三カ月後、文部科学省は、ボランティアなどが運営する民間の「いわゆる自主夜間中学」について「義務教育を卒業していない者等に対する重要な学びの場となっており、地域の実情に応じて適切な措置が検討されるよう促す」と明記しました（「夜間中学の設置・充実に向けて」平成三十年七月、六十四ページ）。

「自主夜間中学」一歩教室がスタートする二〇二〇年前後は、こうした「公立」の夜間中学設置に向けた政府や都道府県、政令指定都市の教育委員会の動きがにわかに活発になった時期でもありました。

一歩教室開設の決断は、こうした行政の動きに触発されたのでしょうか。

代表の笹山先生は「法の成立は全く意識していませんでした。というより、地域の課題に向き合ったとき、自分たちがやれる範囲で取り組むしかないと思っていたのです」と当時の状況を振り返りました。「地域の課題」とは、「私が勤務する定時制高校では、結果的に学校生活を支え続けることができなかった多くの外国人や低学力の日本人たちがいました。彼らはキャリアを積めないまま学校から離れ、結局は地域で貧困が再生産される。そういう状況を目の当たりにしました。その改善に向け何をどう取り組むべきか、という課題です」といいます。

教育機会確保法について笹山先生は「この法律はそもそも、現場で、こうした生徒や不登校・ひきこもりで学校に通えない、また通えなかった方々と向き合う関係者の声、努力によって成立したものです。それは、多様な学びの根拠を法で裏付け、きちんと保障せよという声です。長らくほったらかしにされてきたこうした課題に行政がきちんと向き合い、取り組むべきことを法で裏付けたものなのです」と説明しました。

法律ができたことはもちろん知っていたけれど、定時制での日々の教育の中で、公教育とは別の場で取り組まなければならない課題があることを痛感していた、だから一歩教室を始めた、ということなのです。

公立の夜間中学が全国で徐々に開設され、愛知県内でも二〇二五年春から、県立、名古屋市立の夜間中学校の生徒が誕生します。法律ができたことは素晴らしいことです。けれども、問題はこれからです。地域で暮らすだれもが、国籍や年齢やジェンダーの如何にかかわらず、単なるかけ声ではない「誰も取り残さない」教育の恩恵を享受できるよう、私たちは活動を続けてきました。新たにできる公立夜間中学がそこで学ぶ人たちにとって、どうか実り多いものとなりますように。そしてより多くの人の心に「わかった！」という喜びと、生きる自信が生まれますように。そして、公立夜間中学と連携、伴走する民間の立場から、私たちの自主夜間中学もまた全国の仲間と協力しつつ、これからも一層の努力を続けていかなくてはなりません。

第一章 「はじめの一歩教室」とは

一歩教室を主宰、運営しているのは「愛知夜間中学を語る会」という任意団体です。会は二〇二〇年五月一日に、新型コロナウイルスの感染拡大により児童・生徒が学校に通えなくなり、学習の場を失った生徒たちへの支援をはじめ、国籍や年齢を問わずに勉強をしたいと望む人たちを支えようと名古屋市内で設立されました。そして同年八月、外国からやってきて日本語を勉強したいと望む学習者ら五人で一歩教室は始まりました。一歩教室は、「語る会」の活動実践の場です。そして「語る会」は、同様の活動を続けてきた多くの団体、市民と共に、愛知県、名古屋市に対し公立夜間中学の設立を求めて運動を続けてきました。

一歩教室の最初の支援者（日本語や学校教科を共に考えるボランティア）は、高校教諭の笹山悦子氏を代表に計五人。教室は名古屋市北区上飯田南の住宅街にある、「社会福祉法人　名北福祉会」が管理する木造平屋建ての年季の入った住宅「憩いの家」で始まりました。ここをお借りし、勉強できるのは、毎週土曜日午前十時から学習者全員が帰宅するまで、だいたい午後七時ごろまで。「夜間」といってもこの時間帯です。学級があるわけではなく、時間割もありません。学びたい時刻に学びたい教科を教えてもらおうと、それぞれが思い思いの時刻にやってきます。近隣の市から電車を乗り継いでやってくる子、自転車を三十分ほどこいでやってくる子もいます。最初に教室に来た時に話を聞いて、その子のファイルをつくります。どれくらい日本語が話せるのか。いつ来日したのか。家族構成はどうか。日本での進学を希望するか。何を勉強したいのか。などなどを聞いて、ファイルをつくり、その子は「学習者」となります。日本語が全然か、ほとんど話せない学習者と保護者が多く、片言の英語で聞き取りをすることもよくあります。

2024年４月まで一歩教室が利用した「憩いの家」

出席はとりません。いつ来ても、いつ帰ってもよいのです。出入り自由です。学習者は無料。また学習者の交通費は支給されます。対応する側の支援者は、年会費二千円（二〇二四年四月から三千円）を支払うボランティアです。二〇二四年四月から、支援者の交通費は自己負担になりました。

学校に通うのがつらくなった日本国籍のある子もいます。「形式卒業」はしたけれど、周囲の助言や自らの意思で学び直しを決意しやってくる人もいます。貧困や敗戦時の混乱のために、学校に通うことができず、家事や介護をし続けていたため、文字を読むことが難しい日本人の高齢の学習者もいます。けれども教室全体で、学習者のおよそ九割は外国からやってきたか、両親の一方が外国人で日本国籍をもつ子どもたちと大人たちです。

「教室」というと、机が整然と並び、大きな黒板がある情景が思い浮かぶかもしれません。けれど笹山先生によると、実際はいつも「カオス（混沌、雑然としたごちゃまぜ）」です。板敷の二間ある部屋の仕切り壁を取り払い、奥の部屋に横長の会議用机三つ。手前の部屋にテーブルが三つ。ソファがひとつ。ほかに小さな流しに冷蔵庫。電子レンジ。本棚。トイレ。

日本語能力試験を受験するためのテキストを勉強する子や、中学、高校の教科書を支援者と一緒に取り組む子が多くいます。基本は個別対応ですが、それはあくまで基本です。

学習者がたくさんやってきて、支援者が少ない時があります。とくに中学校の定期試験前などになると、教室は過密になります。そういうときは一人の支援者が三人ほどの学習者の勉強を見なければならず、笹山先生がＬＩＮＥを使って「ピンチです。だれか来てくださる方いませんか」と支援者の応援を募ります。するとなんとかピンチを切り抜けることができています。

教室は「来るものは拒まず」が原則です。ですからここで日本語を学ぼうとやってくるお母さんが学齢期前の小さな子どもを連れてくることがあります。

三歳くらいの子どもたちは、最初はお母さんのそばで、お母さんがひらがなを覚えるのを眺めています。けれどすぐに退屈してしまい、狭い教室を同年齢くらいの子どもたちと一緒に駆け回り始めます。

その子どもたちが集まり、ゲームやおもちゃで一緒に遊びます。中国や台湾、ネパール、スリランカなどいろいろな国・地域からやってきた同じ年頃の小さな子たち、多い時で五、六人が遊び始め、輪投げや紙飛行機飛ばし、積み上げた木の棒をくずすゲームやカードに夢中になります。違う国からやってきて言葉も通じない子どもたちは最初、互いに固くなっています。しかしすぐにゲームに夢中になり、一緒に遊び始めます。子どもたちと一緒にゲームをするボランティアが目配りをしています。観察していると、「つぎ！」「ぼくのばん！」「やった！」などと自然に日本語を使い始めます。

この子たちと一緒に遊びを紹介しながら話しかけたり話を聞いたりする支援者もいます。子どもたちは言葉の壁など軽々と飛び越えて遊びに夢中になります。絶叫します。けんかをします。大笑いします。泣きます。勉強中のお母さんの気を引こうと甘え始めます。お母さんの勉強を見ている支援者の頭に紙飛行機がぶつかります。勉強をしているテーブルの下に潜り込みます。日本語や中学校の教科を教えようとやってきた支援者の中には、例えば中学校の数学の二次方程式を教えている最中に、紙飛行機が頭にぶつかったり、隣のテーブルに積まれた積み木がガラガラガッシャーンと大きな音を立てて崩れたりするやかましさに驚き、「うるさーい！」と大きな声で注意する人もいます。けれどやがて、これがこの教室の特質の一つなのだと理解するのです。

この小さな子どもたちは、家族のほかに日ごろ接する人が少ない、あるいはいないのかもしれません。日本語で遊ぶことがないのかもしれません。家のほかに遊び場がないのかもしれません。お母さんはお母さんで、小さな子どもがいるため、日本語を勉強する場所を他に探すことができないのかもしれません。あるいはお母さんにとっても、家と職場以外の「第三の居場所」としての機能を、「一歩教室」が果たしているのかもしれません。

一歩教室は「自主」です。入学も卒業もありません。だから卒業証書はありません。そのかわり、支援者が対応できることなら何でもできます。日本人と話す機会がないので、日本語でおしゃべりをしたい、という学習者もいます。地震や水害が心配だと話をするお母さんもいます。学習指導要領に準拠した学校運営を求められ、柔軟に生徒たちの置かれた状況に対応することが難しい小中学校がこうした役割を演じることは、簡単ではないでしょう。

勉強の場としてだけでなく、小さな子どもたちの居場所として、遊び場として、家と学校以外の第三の居場所として、同国出身者のおしゃべり、日本の学校の事情、高校入試の情報交換の場として、教室はさまざまな機能を果たしています。来るものは拒まない。学習者の希望全てに添えない点は多々あると思います。それでもただ日本語や学校の勉強を教えるだけの場所であってはならないと私たちは思います。その姿勢が自然に多機能を備えた「教室」、つまりは「カオス」をつくりあげるのです。

先行して設置された夜間中学の中には、いわば多数派の外国ルーツの子のために日本語学校化してしまい、少数派になってしまう日本人の子ども、例えば中学の教科内容を学びたい日本人の児童・生徒にとっては、期待外れになってしまう事例があるとも聞きます。しかし「一歩教室」はたしかに「カオス」ではあっても、基本的には学ぶ人一人一人に教える

支援者総会で学習者たちの情報交換をしました。

人一人という対応をしているから、それぞれのリクエストに応じることがかろうじてできています。

先に記したように、個人の簡単な学習記録を記したファイルはあります。出身国や学習歴、教室に来た日に何を勉強したかを記す日誌が閉じこまれています。けれど出席はとりません。学習塾ではないからテストもありません。わかるまで、学習者が「わかったよ」というまで（大抵わかっていないことが多いのですが）、何でも何度でも付き合います。なかには顔を見せなくなってしまう子どもたちもいますが、追跡はしません。帰国したり家族の状況が変わったりなどが原因のこともあり心配することがありますが、それぞれ抱えている事情もあり、踏み込んだ対応はしていません。

二〇二四年四月二十九日の「愛知夜間中学を語る会」第五回総会資料によると、前年四月からの一年間に四十二回の教室が開かれました（月に一度の研修日があり、教室を休んでいます）。平均の参加学習者は四十五人、参加支援者は三十二人。開設以来三年半の延べ学習者数は、約六千人です。

また同年三月末現在の登録学習者数は二百八十三人。内訳は就学前・小学生五十八人、中学生五十五人、高校・専修学校生二十三人、過年度生二十九人、大人百十八人。出身国・地域は、ネパール（半数）、フィリピン（二割弱）、ベトナム、中国、スリランカ、日本、インドネシア、パキスタン、台湾、韓国、イラン、バングラデシュ、ブラジル、マレーシア、ミャンマー、インド、ウガンダ、ウクライナ、ウズベキスタン、シリア、パレスチナ、メキシコ。

支援者も七十五人に増えました。支援者に特段の資格は必要ありません。教室近くの地域の方々、友人同士のつながりによって参加している方のほか、二〇二四年一月に開かれた企業ボランティアマッチングイベントを通じて、銀行や電力会社などから継続して支援者が参加しています。

すべての学習者とすべての支援者がもしも一度に押し寄せたら狭い教室はパンクします。しかし集まる人の数はＬＩＮＥの登録者数でおおむね把握することができ、なんとか運営できています。朝一番にやってきて、教室の戸を開ける笹山先生は、やってくる子どもたちの増え方を見て、支援者が足りなくなりそうだと、「人手が足りません」とＬＩＮＥを使ってＳＯＳを発信します。すると、「午後四時から行けます」「五時半、行きます」などの応答があり、なんとかこなしてきました。

ある日の教室で――支援者と学習者

二〇二三年末の在留外国人数は、三百四十一万九百九十二人（対前年末比三十三万五千七百七十九人、一〇・九％増）で、過去最高を更新しました。また、二〇二〇年十月の国勢調査時、義務教育未修了者が約九十万人いました（三カ月以上日本にいる外国人を含む）。そして不登校の児童・生徒は、文部科学省の二〇二三年度の調査によると二十九万九千人。小中学校共に急増し過去最多です。新型コロナウイルスの感染拡大の影響もあり、前年度に比べ二二％も増えました。外国籍の人、または日本国籍はあるけれど親は外国籍の子、さまざまな事情で義務教育を終えることのできなかった人、そして、中学校に生きづらくなった子どもたち。みんな一歩教室にやってきます。教室に通うことのできる彼らは大海の中のしずくのようなものでしょう。けれどそのしずくの一滴一滴に、長い物語がありま す。そして一歩教室で私たちが交わす言葉は、さらにそのほんの少しの断片に過ぎません。それでも、彼らの言葉に耳を傾けながら、ここが彼らにとって、居心地よく勉強ができる場所であるよう工夫を重ねています。

その一　ずっとデカセギの国だったのだ……………………高橋龍介

ネパール出身で来日一年という中学一年、Ｋさんと国語（つまり日本語）の勉強をしました。

彼女が持ってきたのは国語の参考書と課題の回答用紙。用紙はＡ４判縦書きで、好きなことを書いていいけれど、上から下に、右から左に空白を残さないように書きましょう、というかなりざっくりした課題です。

簡単に自己紹介した後、課題の内容を聞きました。初対面のせいか声は小さいけれど、しっかりした日本語を話します。「ＯＫ。じゃあ何を書こうか」と聞くと、「うーん」といって下を向いてしまいました。アイデアがないようです。困ったな。それで、彼女が持ってきた参考書をパラパラめくっていると、夏目漱石を紹介する文章がありました。それで、掲載されていた漱石の自画像を示して、「あのね、このおじさんは日本でとても有名な作家なんだよ。ネパールにも有名な作家がいるでしょ？」と聞いてみました。なかなか返事がありません。「小学校の教科書に出ていた人、覚えてないかなあ」とさらに聞くと、はっとした表情をして、何やら思い出したようです。「いた？」「はい」「作家？」「はい」「教科書に載ってた？」「はいはい」。

いい子です。その作家、なんていう名前かなと聞くと、ネパール語で「¶§Ａ○▼Ｘ◇⇔＃＆」というので（わかりません）、「ネパールの文字で、紙に書いてごらん」と促しました。「ラクスミ・プラサト・デブコタ」という名前のようです。ＯＫ。素晴らしい。一歩進みました。「いいぞ。それで、教科書に載っていた話を覚えている？」と聞くと、にっこりしてうなずきました。よしよし、ここまでくれば、課題は書けます。

彼女はゆっくりゆっくり、思い出しながらあらすじを語り始めました。途中でいくつか質問をしながら聞き取りました。

「ネパールの田舎の村に、ムナという女の人と、マダンという男の人がいました。二人は夫婦で、マダンのお母さんと三人で暮らしていました。やがてマダンは外国に行ってお金を稼いでくることになりました。もっと幸せになりたいと思ったからです。ムナとお母さんはマダンを送り出しました。時がたって、マダンは外国でお金を稼ぎ、ネパールに帰ってきました。友達になった二人と一緒に歩いていた森の中で、マダンは病気になって倒れてしまいました。二人はマダンを置いて先に帰り、村で『マダンと一緒に森まで来たけれど、マダンは病気になって死んでしまったよ』と話しました。それを聞いたムナとお母さんは、悲しみのあまり亡くなってしまいました」

こんな話です。なんかすごい話だぞ、と聞きながら続きを促しました。

「マダンが森の中で苦しんでいると、親切な男の人が介抱してくれました。やがて元気を取り戻したマダンは親切な男の人に、稼いだお金の一部をお礼として差し出しました。けれど男の人はもらおうとしませんでした。そしてようやくマダンが家に戻ると、あれほど会いたかったムナとお母さんは亡くなっていたのです。悲しむマダンの傍らには、稼いだお金がありました。おしまい」。

この話に心を動かされたので、教室にいたボランティアの支援者たちと子どもたちを前に、みんなにも聞いてもらおうよとKさんに朗読を提案しました。最初は「えー！」と照れ臭そうだったけれど、決心するとしっかりと朗読しました。教室にいた学習者たちは手を止めて聞き入りました。話し終わると大きな拍手が起こりました。居合わせたネパール出身の高校生男子は、「ぼくにはあんな話できないよ」と日本語で感心していました。女の子は、とてもうれしそうに笑いました。

お金は必要です。それは家族と幸せになるためなのですが、お金を稼ぐために家族と離れ離れになり、やがて家族は亡くなってしまいました。それではいったいこのお金は、なんの役にたつのでしょう。いったいお金って、なんなのでしょう。

少し調べてみるとこのお話は、ラクシュミ・プラサド・デヴコタが一九三六年に発表した詩がもとになっているらしいのです。ネパールでは知らぬ者はない有名な詩人で、このお話もとても有名だといいます。原作では、マダンのデカセギ先はチベットのラサのようです。こんな昔から、ネパールはデカセギが常態化していた国だったのです。なんだか切ない思いがしました。教えるつもりが、私が教えられました。それにしても彼女、これで少なくとも夏目漱石の名前は覚えたかなあ。

その二　私が出会ったネパールの子どもたち……………本田直子

「一歩教室」初日、私はネパール出身の兄弟と待ち合わせて教室に向かった。八月の暑い日で、「にほん、ホットね」「ネパールより暑い?」「ネパールよりホット」と会話しながら歩いた。鮮明に覚えている。

兄は物静かで数学が得意。弟は茶目っ気があり勉強はあまり好きではない。中学の数学問題を一緒に解き、冗談を言い笑いあう仲の良い兄弟だった。兄のDpは、日本語の壁のせいで得意な数学の問題が解けない。それが悔しくて仕方がない。中学校の定期試験中に「この問題は何を聞いているのか」と質問したが拒否された。「答えを聞いてるんじゃ

例１

$$x^2-3x+2=0$$
$$x^2-2x-x+2=0$$
$$x(x-2)-(x-2)=0$$
$$(x-1)(x-2)=0$$
$$x=1,2$$

例２

$$\frac{2}{7}+\frac{3}{8}=\frac{2}{7}\times 1+\frac{3}{8}\times 1$$
$$=\frac{2}{7}\times\frac{8}{8}+\frac{3}{8}\times\frac{7}{7}$$
$$=\frac{1}{56}(16+21)$$
$$=\frac{37}{56}$$

ない。問題の意味を聞いている。どうして説明してくれないのか」と一歩教室で抗議する。正論である。また「日本ではなぜ式を書かずに答えだけを書く？　ネパールでは式を書いてないと『どうやってこれを求めた？』と問われて正解にならないよ」と、日本の数学教育に疑問を呈する。おっしゃる通り。実際、彼らの解法、式の変形に感嘆するばかりだ。

例えばこのネパール式因数分解を見ていただきたい（例1）。ネパール式通分も紹介する（例2）。通分がうまくできない日本の子どもにこの方法で説明すると「こっちの方が分かりやすい」という場合がある。

Ｄｐは同郷の友人を一歩教室に連れてきて、ともに県立高定時制を受検した。試験が終わったら一斉に黒板に集まり、わいわいと数学の問題の解答を確認しあったそうだ。日本ではあまり見られる風景ではない。教師の間で話題になっていたと聞く。一歩教室で難しい問題にはみんなが集まって「ああだ」「こうだ」と議論する場面があったので、その時の様子が目に見えるようだ。日本の子どもたちとの学習意欲、知的好奇心の差に驚き、ネパールの子どもたちのエネルギーに感心するばかりだ。前途の困難を前にして、輝くばかりの知的好奇心が色褪せないことを願う。

弟のDnは運動神経がよく人懐こい。ラグビー部で活躍していた。中学三年になり、夏休みには私立E高に練習に出かけたと聞いた。顧問が知り合いだからと言っていた。後にこれが「セレクション」と呼ばれる運動部枠の推薦入試に至る方法だとわかる。秋になり、E高を強く勧める中学校と日本語支援のない高校への進学を憂慮する私たちとの間で、Dnは揺れ動いた。

「明日学校に行ったらE高には行かないと先生に言う」と言う。けれど翌週には「E高に行く、行ったらトヨタに入れると先生が言った」と変わる。「トヨタ入りたさ」にE高に決めたが、本当にトヨタへの就職を確約できるのか不信感を持った。

十一月に家族とともにネパールに帰省した。しかし一月になっても帰ってこない。E高入試の日が近づき日本にやっと着いた。だがコロナ陽性となり二週間足止めされたため、入試に間に合わなかった。結局、日本語指導が受けられる兄と同じ定時制高校に入学した。

コロナが味方してくれたような結末だった。

ネパールとの往来で家庭環境も垣間見えた。母は日本人と再婚し妹Kが生まれた。兄弟は同居する母の再婚相手を「Kのお父さん」と呼んだ。年末のネパール往来は実父と一緒だった。どちらの父と暮らしているか不明な時もあり、ネパールで親類が亡くなった時、Dpは頭を丸めた。その後の長期の帰省のため、進級が危ぶまれることもあった。彼らは家族関係や日本との習慣の違いなどさまざまな困難を抱えている。将来、どの国で生きるかも未定な彼らを見ていると、能力を発揮できる社会の実現に力を注がねばと思う。

あと一年でDpは卒業する。やはり教室の学習者のネパール人女性JさんはDpと一緒に卒業し、二〇二五年春にしばらく帰国するけれど、その後は弟と二人、日本で暮らすことにしたという。

一歩教室の支援者たちは、Jさんにガイドをお願いしてネパールに旅行するのを楽しみにしている。交流を通じてとても身近な国になったネパールに行ってみたいと思うようになったのだ。

一歩教室での三年半で、当たり前と思っていた日本の習慣、文化を改めて見直す機会をいただいた。それは国や言葉以前に、同じ人間としての心を持ち、たくましくしなやかに生きるネパールの人びとと出会えたおかげだ。

その三　Aさんの学習　凄さと残された学び……………………桐山五郎

小学校から社会人への道

Aさんは小学校二年生の頃、先生に指名され国語の教科書を読みました。教科書はいつもつっかえつっかえして、ゆっくりしか読めません。だから人より多くの時間がかかります。読み終わると疲れた気分だけが残りました。算数の九九はすぐに覚え、足し算・引き算もできましたが、授業は楽しくありません。

漫画本が好きでした。でも漫画本の漢字とひらがなを読むのは嫌いでした。だんだん読まなくなりました。

三年生の頃には勉強がいやになりました。六年生の先生は、教室の先生の机で分数を教えてくれました。教えてくださるのに、「分数は使うのかな」と思いました。

六年間、小学校に通いました。けれど勉強はしないまま、卒業しました。

中学校では、英語が楽しかったです。英語の発音が耳に届き、その意味を教えてもらうと、何を言っているかがわかるようになりました。ヒアリングのテストでは、いつもいい点が取れました。

子どもの頃から今も、話をするのが楽しかったです。友だちや大人の人とお話しするのに、何の不自由もありません。相手が間違っていたなら、何が間違っているか、意見が言えるし、なるほどと思えば、受け入れます。

中学校を卒業し、会社に就職しました。会社では打ち合わせで担当者が、その日の仕事を説明してくれます。

ある時、担当者から「○○くん、これを読んで△△△を仕上げておいてくれ」と言われました。渡された書面の△△△が読めません。体調が悪いので、今日は仕事ができませんと返答し、帰宅しました。しばらくして、退社を申し出ました。

原付免許合格への道

Aさんは免許を取って、バイクに乗ろうと思いました。友人の話を聞くと、誰かが助けてくれないと難しい。そこで人づてに一歩教室にやって来ました。

原付免許合格をめざすAさんの学習が始まりました。初対面なので、免許取得はいつまでかと聞くと、期限はない、自分が乗るからだという返事。

試験参考書（試験本）を読んでもらいました。「漢字」に親しみのない方だとわかりました。そこでこちらが読み、一緒に進めました。試験本で出た交通法規・右折の意味を問いましたが、答えは出ません。

そこで試験本の学習から離れ、漢字の読みと意味を確認してみようと切り替えました。思った通りでした。今学ぶのは、漢字の読みと意味、そして漢字の凄さを知ることでした。漢字には、それぞれ違う意味がある。意味の違う二つの漢字が一緒になると、別の意味になる。まだわからないAさんには、これから段々わかるようになりますよと、告げました。そこで目の前にある漢字本の漢字で、説明しました。「巡視員」「警戒」の二つです。巡《じゅん》＝まわり、視《し》＝細かく見る、員《いん》＝仕事を分担する人。異なる三つの漢字は、それぞれ違う意味。その三つを合せると「指示された辺りに問題がないかしっかりと見て回る人」になる。警戒も試しました。

その日の指導用紙に「本人は、その（漢字の）深まりに感動」したと私は記入しました。しばらくして免許試験に取り組むAさんから電話がありました。数回挑戦したが、まだだめとのこと。もう一つは、自分は今まで「耳からの情報で生活し、目からはゼロだったことがわかった」でした。耳と目のことは、すでに伝えたことでした。

免許の試験で、いまでもひらがなの読みで間違いが多いので、困ってしまう、といいました。

その電話から半月後、「合格した」という知らせが入りました。もっと嬉しかったのは、免許試験場の担当者の皆さんです。何度も受験し、一生懸命頑張るAさんを、我が事のように応援してくれたというのです。

残された学びと生まれた意欲

Aさんは、耳からの情報で生きてきました。その耳は、想像を越える機能を持ちます。目に見える景色は、色・形のバランスでした。今では外で見る漢字は、情報を少し伝えているのでしょう。

会社を退職した後、自営業を始めました。確定申告やインボイスへの対応はできます。大変ですねと言うと、Aさんは、お金・数字はウソをつかないから（できるのだ）、と言います。また取引やお金の流れは、「自分の頭の中に（データとして）蓄えているからわかるんですよ」と話しました。勉強の結果生まれたその自信に驚きました。

「残された学び」を自ら見つけ、まだ見えない道へ踏み出そうという意欲が、Aさんに生まれたのです。

街頭で文字が読めない景色は、どんなに寂しいことでしょう。一歩にこられた成人の方々は、もう一度学校で勉強したいと、涙ながらに語られます。私たちの教室の大きな課題です。

その四　歩み続け成長する教室……………………上村桂恵子

二〇二〇年春、コロナ禍で学びが止まった子どもたちが学べる教室の場所を探して私たちが「憩いの家」を見学した帰途、「ここでいいね。教室の名前を考えないとね」という笹山先生に、「ここから一歩の意味で、『はじめの一歩』はどうですか」と軽く言った私の一言から『はじめの一歩教室』が歩き始めました。

その年の八月。支援者五人、学習者五人の小さな教室が始まりました。口コミで学習者も支援者も増え、これからという時に、私はアメリカに転居することになりました。オンライン学習の希望者の担当が私になり、時差を考えての学習支援を三年続けました。

二〇二四年二月。三年数カ月の任期を終え帰国。すると教室は以前には考えられないほどの過密状態になっていました。玄関の靴は通りにはみ出し、椅子が不足し立って教える支援者がいます。教室内を移動するには座っている人が背筋を伸ばさないと歩く余裕がありません。

「コロナは終わった」と、その状態を見て思いました。しかしこれは一歩教室だけに限った話ではなく、二〇二四年三月現在、多くの日本語教室で定員オーバーの状態になっていると知りました。コロナで一時期減った就労ビザを持つ外国人や技能実習生、留学生が戻ってきたことが背景にあるようです。しかも一歩教室は、「誰も置き去りにしない」をモットーに、希望者に交通費を支給することから、毎週のように新規の学習者がやってきます。ＬＩＮＥグループが二百人に到達するのは時間の問題です。受け入れることに重点を置いて学習者さんと伴走してきたことにより、この三年、各種資料や教材の整理が全くできていません。今、私は必死で教室を整理整頓しています。

学習者から始まり、今や支援者になった事例があることは、何よりの励みです。Ｍ高校のＪさんは私と出会った四年前、「高校へ行きたいけれどどうしたらいいかわからない」という状態でした。一歩教室とつなぎ最初だけ支援して渡米してしまった私ですが、帰国したら彼女が眩しいほどに成長していて感激しました。

一歩教室の英会話教室の先生をこなし、新規の学習者の受け入れ面談の通訳をし、学習者の頼れるロールモデルになったＪさん。英語の先生か航空会社の地上勤務員かという夢に向かって前進しており、一歩どころか二歩も三歩も歩みを進めました。学習者が支援者になることは珍しいことではなく、支援者が学習者になることもままあります。こうした関係こそ教室がみんなの居場所になった理由の一つなのでしょう。

大量の生徒ファイルを整理した結果、二〇二四年三月末時点で、就学前・小学生五十八人、中学生五十五人、高校生二十三人、過年度生二十九人、大人百十八人の計二百八十三人が、三年七カ月の期間に在籍したことが分かりました。国別では半数がネパール、二番目に多いのがフィリピンで二割弱。ベトナム、中国、スリランカ、日本、インドネシアと続きます。世界二十二カ国・地域から来た人びとがあの小さな憩いの家に集まりました。奇跡としか思えません。

課題も見えてきました。小学生は三割が日本生まれ。母語も日本語も不十分なダブルリミテッドや低学力の問題があります。中学生では生徒の在留資格のほとんどが家族滞在だと分かりました。進路決定の際、奨学金や就職で困難が生じるかもしれません。過年度生では二人が鶴舞の中学夜間学級（公益財団法人愛知県教育・スポーツ振興財団が運営）に入学しました。支援者の伴走は不可欠です。同じく高校に進学した過年度生（日本の中学校を経ずに高校進学）が七人、日本の中学校からの高校進学者が八人います。彼らにも支援は必須です。高校合格がゴールだと勘違いしてしまうことがありますが、通過点だと理解してもらい、継続して教室に通うよう支える必要があります。

高校卒業後の進学や就職も大きな課題です。一歩教室の成果が出るのはまだまだこれから。就職の場合は非正規でなく正規採用に繋がる支援を目指さなくてはなりません。

また、兄弟や家族が多いのも一歩教室の特徴です。一人が教室に繋がり、兄弟、姉妹、親、親戚と芋づる式にファミリーが繋がっていきます。小さな子どもを抱きながら通ってくる母親にとっては、情報収集や情報交換、悩み相談や憩いの場としても教室は大切な場所です。今週も来週も、教室では新しい出会いがあるでしょう。「大丈夫、一緒にがんばりましょう」と笑顔で迎えたいと思います。

日本語支援に携わって十三年になります。三年間、外国にいて状況が全く改善されていないことに驚きました。「いつまでボランティアに頼るのか」という気持ちです。学習者はお客さんでもなく労働者でもなく、私たちと同じ地域の生活者です。地域の今のため、未来のために、私たちも地域も行政も、みんなが支えていく社会にしたいと思いを新たにしています。

その五　広がれ！「タンポポの綿毛」……………………重原厚子

そもそもの関わり

先生になりたい――。これが中学時代の私の夢でした。きっとそんな思いがどこかに残っていて、現役ではなくなったと感じたとき、「学習支援をしてみたい」と思ったのです。事務局を務めるグループ「なくそう！ 子どもの貧困ネットワークあいち」で、本田直子さんと笹山悦子さんに講師をお願いしたことがありました。そして、笹山さんたちが始めた「愛知夜間中学を語る会」が新教室をスタートさせると聞き、迷わず手を挙げました。二〇二〇年八月八日、憩いの家で「はじめの一歩教室」が始まりました。

一歩教室は当初、午後一時から五時まででした。学習者の増加に伴い、午前十時からになり、アルバイトをしている高校生も来られるようにと午後八時まで延長しました。開設から半年後くらいのことです。時間も学習者も増え、笹山さんの負担も増えました。私も朝から夜まで教室に張り付き、会計も引き受けました。

生きていくには、日本語だけでなく、基礎学力が必要です。だから日本語教室ではなく、「夜間中学」なのだと教えられました。教材、教科書、外国ルーツの子のための簡単な日本語の本、コピー機など、気が付くと憩いの家は一歩教室の教材であふれました。

支援者の学ぶ場も必要

学習者も支援者も増え続けています。支援者が友人を連れてくる場合もあれば、新聞記事などで一歩教室を知り、訪ねてくる人もいます。大学生や社会人の見学者は途切れることがありません。

朝から晩まで目の回るような忙しさで土曜日が終わります。支援者は、学習者に日本語や勉強を繰り返し教えます。でもそれだけでいいのかな、と笹山さんと話し合って始めたのが支援者の学習会でした。教室に月一回の休室日を設け、研修会やシンポジウムの開催などにあてることにしたのです。二〇二一年十二月の第一回は、桐山五郎さんによる「漢字の扱いをめぐって」。その後、「多読について」「障がいを持つ子どもの支援」などの学習会を実施。二〇二四年五月からは「なくそう！　子どもの貧困ネットワークあいち」と共催で新形式の学習会が始まりました。今後は「子どもの貧困」「外国人の人権問題」「入管制度」など支援するうえで大切な情報も学べる場所にしていきたいと考えています。

学習者や支援者を増やすことは私たちの活動の継続につながります。そして活動に携わる人に求められるのは、「ぶれないこと」だと考えます。時がたてば、設立当初の想いが揺らいでくるものです。これを防ぐには、継続的な学習が必要です。シンポジウムも開いてきました。二〇二〇年一二月「夜間中学について知る・学ぶ・考える」、二〇二二年十月「みんなの居場所映画祭＠あいち　こんばんはⅡ上映」、二〇二三年二月「夜間中学のあしたを考える」、二〇二三年十二月「緊急シンポ！　どうなる愛知県及び名古屋市立の公立夜間中学校」、二〇二四年四月「私の学び～夜間中学模擬授業体験～」などなど、全国の実践者、研究者を招き、社会へ発信すると同時に私たちの学びを深める機会としたのです。

地域とのつながりを深める

二〇二四年五月から一歩教室は、従来の一教室から四教室へと広がりました。拠点の教室は、市立宮前小学校東隣りの東町交流センターです。近隣の小中学生がたくさん通ってきます。東町交流センターの家主は「名北福祉会」です。「一歩草の根教室」は、大曽根駅徒歩三分の好立地。一般社団法人「草の根ささえあいプロジェクト」から四階建てビルの三、四階部分を使わせてもらっています。小規模、少人数で対応するのは『DONDON金山教室』、最新の『引山教室』は、個人宅で開催されており、さっそく二人の学習者の参加を得て、アットホームな教室が始まりました。

「北区社会福祉協議会」には、高齢の学習者さんの見守りや支援のお願いをしています。「北区子育てネットワーク」は四カ月に一度のミーティングで地域での子育ての課題や具体的な対応策などの現実の課題解決に結びつく場所です。「定時制・通信制父母の会」とは、高校進学に関する説明会を共催しています。「東海社会学会」や「基礎教育保障学会」には会員として登録しており、笹山さんが講演、寄稿するなど研究者との交流も活発です。全国組織「全国夜間中学研究会」「夜間中学と教育を語る会」とはイベントの共催などを通じ、さまざまな情報、御助言をいただいています。そして「公立夜間中学の設立を求める愛知連絡協議会」は市民活動のキーパーソンらによる愛知夜間中学を語る会の応援団です。

私たちが今後も活動を続けるためは、さまざまな団体と連携しながら、ネットワークを築くことが必要なのです。

進む「タンポポの綿毛」作戦

教室のスタート時から、私たちは学習者にも支援者にも交通費を実費精算すると決めていました。財源は年会費・賛助会費と愛知県からの助成金、寄付金です。二〇二〇年度は十六万円だった年間経費が二〇二三年度は百七十万円超となりました。収入は、WAM(独立行政法人福祉医療機構)からの助成金、寄附金、年会費、賛助会費合わせて約百万円です。今後の学習者・支援者の増加を考えると、安定的な財源の確保は大きな課題です。しかし教育は収益事業ではないので、学習支援活動で事業収入を図ることは困難です。その結果、二〇二四年度は支援者への交通費支給を断念しました。

一歩教室は任意団体です。同年度の総会でも法人格取得を検討することとされました。法人格があれば社会的な信用度も高まり、寄附金が増えるかもしれません。ただ、専従スタッフのいない団体でさまざまな報告義務を必要とする法人格取得は困難ではないかという懸念もあります。一歩教室は現在の規模で維持し、小規模の自主夜間中学が近隣に増えていくことが理想ではないかとも思うのです。ちょうど、タンポポの綿毛が風に運ばれて広がっていくように、私たちの活動に共感してくださる人たちが生まれ、できる範囲で教室を始めるイメージ、名付けて「タンポポの綿毛作戦」です。私たちは、そのために最大限の連携と支援をしたいと思っています。

＊　＊　＊

外国語を読み、書き、話し、聞く勉強には時間がかかります。学齢期を過ぎた、などの理由で日本の中学校に通っていない学習者にとって、週に一度、一歩教室に通い、あとは自習するだけではどうしても不十分になってしまいます。話はできるけれど、読み書きを学びたい日本の学齢期超過者にとっても、もっと充実した勉強の場が必要です。だからこそ、学齢期を過ぎても入学でき、週五日間も勉強できる公立の夜間中学が必要なのです。

ワタシとイッポ

一歩教室の学習者の三人に日本語の作文を書いてもらいました。日本での生活や一歩教室での日本語の勉強などについて、自由な思いをつづりました。日本語の上達ぶりはすばらしいもので、こまかな言葉遣いなど、こうすればより良いかなと思うところもありますが、あえてほとんど手直ししていません。

マンツーマンのやさしい日本語

……………アルベンディア・トリキシー・カイルさん（フィリピン出身）

私はフィリピンから来ました。二〇一四年の十一月に日本に来ました。母親の仕事の事情で私と私の姉妹たちとお母さんと一緒に暮らすことになりました。日本に来たばっかりのころは日本語が全く話せませんでした。

二〇一五年の一月に学校に通い始めました。最初はひらがな、カタカナと漢字の読み書きもできませんでした。担任の先生は英語を話せたので助かりました。翌月からは校長先生と日本語の勉強が始まりました。最初に勉強したのがひらがなの読み書きとあいさつや日常につかえる日本語でした。新学期が始まってからは一カ月に一回、支援者が来ていました。小学校を卒業したときにひらがなとカタカナの読み書きができるようになり、漢字は一、二と三年生用の漢字の読み書きはできるようになりました。

学習者と支援者でにぎわう一歩教室

中学校に入ってからは、小学校のレベルとは全然違いました。先生たちはすごく難しい日本語をつかっていました。授業についていくのが難しかったです。学校で友達をつくることができず授業もわからなくなって学校に行くことをやめました。テスト日だけ学校に行きました。中学を卒業して、帰国するつもりだったのでフィリピンの高校に入りました。最初の六カ月はその高校のオンラインで勉強しましたが、事情が変わり帰れなくなりました。そのためその学校をやめて、アルバイトをして働きました。

二〇二〇年の一月に日本の学校にもう一回通いたいと思って高校に願書を出しました。高校の受験を受かってそこで笹山先生に会いました。笹山先生に一歩教室について教えてもらいました。

一歩教室で日本語の勉強や学校の授業でわからないところを勉強しました。一歩教室では先生とマンツーマンで優しい日本語でわからないところを教えてくれるのですごく助かりました。

将来は翻訳者の仕事をしたいです。そのために大学の外国語学部にいっていろんな言語を学んでタガログ語と英語と日本語だけではなくいろんな言語を翻訳できるようにしたいです。日本では外国人は増えます。最初は私みたいに日本語を話せない人もいるかもしれないです。私はそんな人たちの役にたちたいです。

一歩教室は大きな支え……………サミン・マズルミさん（イラン出身）

こんにちは。私の名前はサミン・マズルミです。イランの首都、テヘラン出身の十五歳です。二〇二三年十月十日に、名古屋市立大学に滞在中の父とともに日本に到着しました。日本に来る前、日本語を学ぶ機会はほとんどありませんでした。私は、二カ月間の勉強で基本的な日本語会話のような「こんにちは」や「ありがとうございます」といった単語に慣れました。日本に到着してから、私たちは「名古屋国際センター」のウェブサイトで笹山先生の「はじめの一歩教室」を見つけました。

日本に来ることを決めたときは、興奮と緊張が入り混じった感情でいっぱいでした。新しい国に行くことは大きな変化ですからね！

日本語の勉強は、興味深いものでした。これまでの私の言葉、ペルシャ語とはかなり異なるのですが、非常に魅力的でした。日本語には、文字の体系や独特の音声など、興味深い要素がたくさんあります。

日本の中学校に入学しました。最初は大変でした。すべてが新しく、授業の進め方もイランとは違いました。しかし、だんだん慣れて、友達もできました。一歩教室の熱心な先生たちのおかげです。

一歩教室での国語と算数の勉強は本当に役に立ちました。

高校入試が近づくにつれて、私も多くの生徒と同じように緊張しました。しかし、一歩での授業と練習のおかげで、私はより自信を持ちました。それで入試の準備ができました。

高校生になってから、学校の勉強や他の活動で忙しくなりました。しかし、一歩で勉強したさまざまなことは今でも覚えています。

できれば、また一歩に戻ってきて、小学生や中学生たちを助けたいと思っています。自分が支えられたように、恩返しをして他の人の勉強を教えるのは、とても心地よいです。

私は将来、自動車のデザイナーになる夢があります。その夢を実現しようと、勉強をがんばります。

私は何かを最初からつくることと、問題を解決することが大好きです。自動車のデザインという仕事には、その両方が結びついています。

この夢を実現するためには、一生懸命勉強を続け、そして働いて、デザインとエンジニアリングについてできる限り多くのことを学ぶ必要があるとわかっています。

一歩教室のみなさん。ありがとうございます。そして、これからもよろしくお願いします。

旅を続ける私にとって、みなさんは大きな支えになってくれました。

日本に来た子の未来を考えてくれる場所
……………… ガウタム・ニラジュさん（ネパール出身）

十七歳のときに日本へ来日した高校三年生のガウタム・ニラジュです。お父さん、お母さんと弟一人の四人家族で日本に暮らしています。家族を守る、幸せにする目標をもって、毎日頑張っています。

家族は先に日本に行き、私は学校を卒業するまでネパールに残っていました。そして私は一人で家族のいる日本に向かいました。

二〇二〇年、日本に着きました。空港から出て、四年ぶりのお父さん、お母さんと初めての弟の顔を見てから、新しい生活が始まりました。知り合いのお兄さんの紹介で、日本語学校に行けるようになりました。学校に優しい先生たちがいて、簡単に、わかりやすく、ひらがなとカタカナから日本語を学び始めました。

日本語学校は楽しかったのですが、学校費はとても高価でした。親たちがいつも学校費を払ってくれるのは大変でしたので、私もバイトをはじめました。

朝五時半に起きて、六時から十二時までバイトして、一時から学校に通いました。バイトしながら一年、日本語を勉強しました。高校生活はまだでしたので途中に日本語学校を辞めて高校探しを始めました。日本の学校について何もわからなかった。私は、すごく迷っていました。

「誰に聞けばいい、どうしたらいい」。迷っていたところに新しい友達ができて、友達から「はじめの一歩教室」を紹介されました。

「一歩教室」はだれでも勉強できる、困っているときサポートしてくれる、楽しい気持ちで勉強できる、日本に来た若い子たちの未来を考えて頑張ってくれているところです。「一歩教室」には高校の先生、中学校の先生、なんでも教えてくれる優しい先生たちがいます。

先生たちのおかけで私も日本の学校に入学できました。いいところに就職できるように頑張っています。バイトしながら学校に行くのは大変です。しかし家族のこと、未来のことを考えて難しい道を歩くことは、楽しいです。

自分だけじゃなくて、自分の周りにいる人たちも幸せになるようにいっしょに頑張りましょう。

二〇二四年春の高校受検の出願手続きであたふた

一歩教室には、純粋に文字を覚えたいと望み読み書きの練習をしに来る高齢者や、特に進学は考えておらず、日本語に習熟したいと望む外国ルーツの大人たちもいます。けれど多くは中学校の生徒たちで、中学を卒業したら、ほとんどは定時制を含め高校への進学を希望します。そして、日本の中学校の生徒ではなく、外国の学校を卒業して、日本の高校に入学するために勉強しに来る学習者もいます。

教室に通う外国籍の学習者のほとんどは、「家族滞在」の資格で日本に生活しています。その子たちが日本で働こうとする場合、日本の高校を卒業または卒業見込みで、さらに日本語能力試験N２（「日常的な場面で使われる日本語の理解に加え、より幅広い場面で使われる日本語をある程度理解することができる」）程度の日本語能力があると認められれば、「特定活動」の在留資格で働くことができます。それらの条件が満たされていないと、週二十八時間以上働くことができません。または「定住者」の在留資格で働くためには、日本の小学校、中学校、高校すべてを卒業していることが必要です。いずれの場合も十七歳までに来日していることが必要です。このため、外国籍の学習者にとって、高校受検は本人のみならず、（教養を深め専門性を身に付けるというだけでなく）就職して収入を確保するという点でも、家族にとって極めて重要なイベントです。

外国籍の学習者にとり、受検や就職という関門は、日本人以上に高いハードルです。

一歩教室に通う学習者も二〇二四年二月、高校受検に臨みました。（愛知県では「受験」ではなく、「受検」と表記されます）

このタイミングで起きた大きな変化は、出願の方法が「愛知県公立高等学校入学者選抜Ｗｅｂ出願システム」に一本化されたことです。愛知県立、名古屋市立、豊橋市立の高校はこのシステム以外からの出願は受け付けないことになりました。

愛知県内か、少なくとも日本国内の中学校に籍のある学習者は、このシステムによる出願手続きの具体的な手順について、教員らから何らかのサポートを受けることができるでしょう。しかし、日本の中学校ではなく、出身国の学校の卒業証明書などを提出して直接、愛知県内の公立高校を「ダイレクト受検」する志願者にとっては、困難を伴うルールになりました。支援者なしに自力で出願手続きを完了できる「ダイレクト受検者」が果たしてどれくらいいるのか、首をかしげるほどの煩雑さです。また定時制高校を受検しようと勉強を頑張っていた日本人高齢者が、手続きのあまりの複雑さと、説明会での学校関係者の「体力的に無理かも」などという心無い言葉によって出願を断念する事態もあったと聞きました。

一歩教室の支援者もこの出願システムで悪戦苦闘しました。受検生全体から見れば彼らは少数派なのでしょう。しかし日本語の勉強が必要な小中学生の数が全国一位の愛知県の高校入試のシステムが、外国人にとってこんなにハードルの高いものであってよいものか、関係者に再検討をお願いする意味でも、あえて一章を記すことにしました。

笹山先生はほぼ毎週、一歩教室の様子などを記したメールマガジンを書いています。先生は二〇二四年一月二十五日付の記事で概略、次のように書きました。

（一月）二十日の教室は終了直前まで高校受験Ｗｅｂ出願「騒動」に振り回されました。教室終了間際に飛び込んできたパキスタン人の過年度生のＳさん。（日本の）地元の中学につながれず、一歩教室で勉強しています。家にパソコンはなく、唯一スマホを持っているのはお父さんだけです。

お父さんはＳさんが「女の子だから（進学は必要ない）」という意識で、子どもの学業継続への思いを過小評価していたようです。パキスタンでの彼女の九年間の教育修了証明をつい最近になって、ようやく国へ帰る知人に依頼したという始末。Ｓさんの支援者によれば、さんざんお父さんにスマホが必要だとアドバイスしていたにもかかわらず、お父さんは動いてくれなかったそうです。

二十日夜、仕事で名古屋を離れているお父さんとWeb出願を子どもの代理として仕事先でできるかどうかやり取りをしましたが、会話は可能でも読み書きができないため「無理」とのこと。確かに県のホームページを見ても英語版が作られていません。外国籍の生徒の出願は「想定外」扱いです。やっと緊迫した事態を理解できた様子です。

笹山もちょっと口調が荒くなってしまいました。電話での口調が厳しかったので、教室に残っていた皆さんが心配そうに様子を伺っていました。しかし子どもを守る保護者として当然の心がけだと思います。こういうことをスルーしていけば、困るのは子どもたち。進学した先で、担任や支援者に任せきりにする保護者をたくさん見てきたので、笹山としては「許せない」ことでした。

というわけで、一歩教室が月に一度のお休みだった二月三日（土曜）の昼前、Sさんの出願手続きで四苦八苦していた笹山先生から、「Web出願システムがわかりにくく困っている。もう助けて～」との電話を受け、支援者のTが一歩教室に向かいました。

到着すると、Sさんと笹山先生、Sさんの両親が疲れ切った様子で座っていました。

「愛知県公立高等学校入学者選抜Ｗｅｂ出願システム」を使って出願をする作業です。一月二十九日から二月五日までが定時制の出願期間です。

先に記したように、愛知県内のすべての公立高校の受験生は、このＷｅｂシステム以外に出願する方法はありません。原則、窓口では受け付けないそうです。そしてこの方法を使うには、パソコンかスマートフォン、そしてネット環境、受検票を印刷するプリンターが不可欠です。

また、このシステムの日本語以外の言語による説明はありません。問い合わせをしたら、外国語が必要なら翻訳ソフトを使うように、といわれたとの話も聞きました。

そもそも、それらの機器と環境は、自己負担で用意することが求められます。「利用規約」は、

第五条

二　システム利用者は、本システムを利用するために必要な全ての機器等（ハードウェア、ソフトウェア及びネットワークに係る全てのものを含みます。）を、自己の負担により用意するものとします。

三　本システムを利用するための通信費用、印刷費用その他一切の費用は、システム

利用者の負担とします。

と明記しています。

システムにログインする以前に、まずパソコンやスマホ、ネット環境を自前で整備できることが前提です（受検票の印刷はコンビニでき、またフリーワイファイ環境のあるコンビニもある、とのことですが）。これが障壁第一。次に、パソコンなどの機器の操作に習熟していることが前提です。これが障壁第二。そしてシステムのマニュアルは日本語のみです。マニュアルも含め、出願手続きの内容の日本語も簡単ではありません。これが障壁第三。

愛知県内または少なくとも日本国内の中学校の生徒であれば、自力で手に負えなくなり助けを求めれば、中学校の先生らのサポートを得ることができるでしょう。しかし一歩教室の生徒の中には、母国の中学校相当の教育を受けた卒業証明書を提出して受検しようとする学習者がいます。こうした「ダイレクト受検者」、つまり日本の中学校の在校生でない場合、自分だけで、あるいは家族だけでこの環境を準備してシステムにアクセスし、出願手続きをしなければなりません。県教育委員会の問い合わせ電話番号は記載されていますが、「パソコン操作の質問には応じられません」とあらかじめのお断りがありました。

写真添付が必要な書類（出身国の学校の卒業証明書、成績証明書、パスポート情報、パスポートの入国査証スタンプのあるページ）をそろえること、またこまかな個人情報を記入する過程で、「こういう場合はどうなのだろう」という疑問点が生まれます。

例えば、漢字にルビがふられた試験問題を希望すれば用意してもらえるということも、周知されているとはいえません。そして、「最初に日本に入国した日付」を記入しなければなりません。日本にいる期間が長ければ、ルビ付きの入試問題は不要、という判断の材料にするためなのでしょうか。しかし学習者によっては、母国と日本を何回も往復していることがあります。

例えば、支援者Tがサポートした二〇〇七年生まれのパキスタン出身者の事例では、一歳時に入国して三カ月後に帰国し、二〇二三年八月に三回目の来日をして二〇二四年二月の受検に臨みました。

彼女の「最初に入国した日付」は二〇〇八年。一歳のときです。「最初」なのだから、この二〇〇八年を記入すべきでしょうか。しかしそれでは恐らく質問の趣旨にそぐわないと思われます。十五年も日本にいるならルビ付きの問題は要らない、と判断されるかもしれません。そこで、「親の都合で三回ほど入出国を繰り返し、最後の入国が二〇二三年ですが、最初というなら二〇〇八年です。どうしますか」という疑問が生まれました。勝手な判断で書くわけにはいきません。そこで質問をするために土曜日の夜に県教育委員会に電話をかけました。幸いにもつながって「そういうことなら二〇二三年です」という回答を得て問題は解決しました。しかし問い合わせの電話番号は一つだけ。混雑したら対応できるのだろうかと思わざるを得ませんでした。

実際、出願のための必要事項を入力し、必要な資料を写真撮影しシステム上で登録していくのは容易ではありませんでした。システムは一つの質問に答えて登録し終わると次の段階に進む、という具合になっています。おそらく登録した内容を教育委員会の職員が確認して次の段階に進むのでしょう。しかし登録した画像が不鮮明などの不具合があると、「差し戻されました」というメールが届きます。しかしどの項目の何が問題で差し戻されたのか、その説明が不十分なため、困ってしまいます。このパキスタンの受検生の場合も何回か差し戻されました。

つまり、一度情報を入力、登録し終えると、しばらくしてシステムに登録した情報が受理されたか否かが、送られてくるメールで通知されるのです。登録したからもう安心、ではありません。差し戻しの場合は、あらかじめ登録したメールアドレスに、受理されず差し戻された、という内容のメールが県教育委員会から届きます。もちろん日本語で。するとまたシステムにログインして修正作業をします。受理されていれば次のステップに進みます。いずれの場合も、そのメールアドレスに送られてくるワンタイムパスワードを入力してログインしなければ作業ができません。

　夜になったので、支援者のTは一歩教室から地下鉄に乗って自宅に帰り、自宅からパソコンで修正作業を続けました。しかしワンタイムパスワードは受検者の父親が持っているスマホのアドレスに送られてきます。つまり①Tが自宅でシステムにログインを試みる②お父さんのスマホにワンタイムパスワードが送られる③お父さんはその画像をスクリーンショットし、LINEのメッセージに添付してTに送る④Tはそれを見て、ワンタイムパスワードをログイン画面で入力してシステムに入る。この手順を延々と繰り返して、ようやく受験票とルビ付きの問題用紙の申請を終えました。

　すべて正常に手続きが終わると、システム上に受検票が現れました。あとはそれを印刷して試験会場に持っていけばよい、というわけです。Tはシステム上に現れた受検票の画像をスクリーンショットしてLINEのメッセージに添付し、お父さんに送りました。お父さんはそれを自宅近くのコンビニのプリンターで印刷した、ということのようでした。

「ダイレクト受検生」で、しかも支援者がいない場合、そしてスマホなどを準備する余裕がない場合、さらにシステムを理解するだけの日本語能力がない場合、合格はおろか、そもそも入試問題を目にすることすら難しい、受検することすら難しいのです。まるで愛知県の教育委員会は、「日本の学校に入学するのだから、日本語で登録ができることを前提にしている」「これができなければ受検する資格はない」といわんばかりの対応です。

恐らく愛知県内各地の支援者は、てんやわんやの騒ぎだったろうと推測されます。

実際、笹山先生は次のような事例を紹介しました。(二月一日付メールマガジン)。


本日までにいろいろドタバタがありました。実は今日もこれからSOSに対応します。

まず、Dさんの件。二十七日に支援者Hさんがたまたまのスマホに「受検資格審査差戻」メールが入っていたのに気づき大騒ぎとなりました。

「資格審査」の結果、差し戻されたというのですが、その理由がよくわからないため、土曜日でしたが教育委員会の問い合わせ先に電話連絡するも不通。留守番電話にもなっていません。

彼女は二〇二三年九月の段階で、すでに県の窓口で「受検資格審査」のための書類を提出し、受験可能と認められていました。差戻メールの教育委員会からの「コメント」欄に記載されている内容「資格書類記載不一致」もよくわかりません。そこで、週明け月曜日の一月二十九日朝、本人を連れて支援者のSさんと笹山との計三人で、県の担当者を訪問して説明を求めました。

結果、事なきを得たのですが、訪問しなければ何が引っかかったのかわからずじまいでした。要は、「資格審査用提出書類（故国の義務教育期間発行の修了証明書）」の氏名と手続きで用いた名前の表記が違っている、ということだったのです。アルファベットかカタカナ表記かの違いです。再度入れ直してもらえば受理しますとのことで、すぐに入り直して送信しました。教育委員会が入る県庁ビルではワイファイが使えず、近くの名古屋市庁舎まで行って入力しました。

現場の担当者は若い方です。上の人は出てきません。この担当者ばかりを責められない事情も判明。初めてのＷｅｂ出願制度導入にもかかわらず、担当者はたった二人だそうです。もう一人の方は昨秋から育児休暇を取得しているとのことで、この繁忙期をお一人で対応しておられ、出願が始まってからほとんど家に帰れていないのだとか。育休の代替者がいないままという事情もお聞きしました。

たったお一人で奮闘している担当者には酷な話かもしれませんが、私たちの要望を口頭で伝えてきました。

「来年に備えて課題を洗い出し、当事者が困らないような策を講じてください。Ｗｅｂシステム上で出願できない高齢者もいることを考え、窓口対応も併行して開設してほしい。システムに多言語版を導入するのは当たり前の時代。外国人の子どもたちの受検が増えることを前提にした対応をお願いしたい」という私たちの要望に、「おっしゃる通りです。来年に向けて今年のような混乱が起きないようにしたいと思います」と話されました。

ところで、この話には続きがあります。支援者のサポートを受け、出願最終日の二月五日午後八時過ぎ、めでたく受験票を手にすることができたパキスタン出身のSさん。受験票には受験番号、名前、志願する高校と学科、試験日、合格発表日が書かれています。しかし第一に、試験会場がどこなのかが明記されていません。志願する高校に決まっているから書いていないのでしょうか。たしかに、日本の中学校につながっている受検生なら先生が説明してくれることでしょう。下見にだって行くかもしれません。交通手段の確認もするかもしれません。けれど「ダイレクト受検」の場合、その学校に行ったことがまだない場合もあり得るのです。そしてその学校に、「当日八時三十分までに指定された場所に集合して係員の指示を待つこと」と書かれています。では指定された場所とはどこでしょうか。記載はありません。

上履きを用意するとか、「スマートフォン等の情報通信機器、計算機及び通信機能付きの時計は持ち込まないこと」という日本語を理解できる「ダイレクト受検生」ばかりではありません。せめて英文を併記すべきではないでしょうか。

二〇二四年三月十五日、愛知県議会二月議会のスポーツ・教育委員会一般質問で、このテーマについて質疑がありました。

質問したのは、下奥奈歩議員（無所属・日本共産党県議会議員団）。「Ｗｅｂ出願システム」は、移行期間を設けず一気に導入されたけれど、ネット環境に不慣れだったか、あるいは日本語が不自由な外国にルーツを持つ子どもたちへの配慮が足りないのではないか、といった声が寄せられたと話し、このシステム導入はあまりに強引で拙速だったのではないかなどと県教育委員会の姿勢を質しました。またネット環境を整えられない志願者にとって費用負担を課すのは問題だ、とも指摘しました。

県教育委員会の担当課長は、「日本語の支援が必要な方にとっては、むしろGoogle翻訳などインターネットの翻訳サービスを使うことで、簡単に入力したい内容を母語から日本語に変換し、コピーアンドペーストできますので、紙の願書よりも、Ｗｅｂ出願の方が手続きしやすいと考えております。なお、ウェブを使うことが難しく、サポートも受けられない方については、引き続き高等学校教育課の窓口で対応してまいります。」と答弁しました。

インターネットを使うのが困難な受験生は、「インターネットの翻訳サービス」をどうやって利用すればよいのでしょうか。

また同じ担当課長は「受検票を印刷するためのプリンターが自宅にない場合は、中学校で印刷するようお願いしておりますし、コンビニにある複合機でも印刷できるようになっております。スマートフォンやパソコンがない、又は、自分でうまく操作できない生徒については、中学校の先生方にお願いして支援をしていただきました。また、中学校のサポートを受けることが難しく、高等学校教育課にお電話いただいた方については丁寧にご説明し、電話だけでは対応が難しい場合には、県庁にお越しいただき、担当者がサポートしながらＷｅｂ出願システムで出願していただくなどの対応をいたしました」と答弁しました。

日本の中学校を卒業していない「ダイレクト受検生」の場合、しかもネット環境を整えるのが困難な家庭環境の受検生は、居住する全愛知県内から名古屋中区の教育委員会オフィスまでくればサポートします、ということなのですね。

教室にはきたけれど

新しい学習者は、同じ国の出身の学習者の話を聞いて、私も行ってみようと思ったり、通っている公立中学校からの紹介があったりなどの経緯で、一歩教室にやってきます。また、付近の事業所で働く技能実習生が日本語を覚えたいと、複数でやってくるなど、さまざまなケースがあります。

ある日の午前中、教室にやってきたネパール出身の女の子と笹山先生が話をしました。最初に来た子には、名前や生年月日、住所、連絡先、日本での家族構成、出身国で学校を卒業しているか、などを聴き取り、Ａ４サイズの紙一枚のアンケートを埋めていきます。やり取りをしていると、日本語の能力はだいたいわかります。さて、その子の母語はネパール語。支援者の中でネパール語が分かる人はいません。ネパールの子はだいたい英語を学習しているので、英語で聞き取りをします。けれどもどうもうまくいきません。笹山先生がじっくりゆっくり質問しますが、その子、十五歳のＩさんは先生と目を合わせず、うつむき加減で表情も乏しい。どうも、一歩教室の近くの市立中学校で入学を断られた、と話しているようです。しかし要領を得ません。

そこで別の支援者が交代して質問を続けました。英語はわかりますとIさんはいいますが、やはりどうも理解が不十分なようで、質問がわからないまま、あいまいな返事をしているようです。七歳から十歳まで学校に通っていた、と話しました。現地の「小学校五年間（十歳）まで通った、ということかな。けれどその後、日本に来るまでの間はどうでしたか」、と聞いても、要領を得ません。日本の外務省のインターネットのサイトには「一〜八年生までが義務教育にあたりますが、政府と援助国の支援によって、小学校一年生への入学率は九〇・七％（二〇一二年ネパール教育省統計）と向上したものの、貧困などの理由で、義務教育終了まで継続して学校へ通う子どもの数は六七・五％という現状です」とあります。困ったな。Iさんの表情はだんだん暗くなり、ため息をつくようになりました。日本の義務教育にあたる年限を通い切れていないまま、来日したのかもしれない、と思いました。

なんでそんなことを聞くのか、と不愉快に感じているのかもしれないと考えて、日本の高校に通うためには、中学校を卒業していないと困るんだ、だからもしネパールで中学校を卒業しているなら、その証明書を送ってもらうことはできるかなと思って、それで聞いているんだよ、と説明しましたが、やはり顔を上げてくれません。

ちょうどそのとき、同じネパール出身の以前から教室に通っている同じくらいの年齢の女の子がやってきました。よかった。笹山先生が彼女にネパール語の通訳をお願いしました。

最初の聴き取りでは、中学校の入学を断られたというふうにきこえました。しかし母語でよくよく聞いてみると、やはり学校が中途半端になっているらしいことがわかりました。そうなると、日本の高校に入るためには、まず日本で中学校を卒業しなくてはなりません。彼女は「Iさんは学校へ行きたいと話しています」という。

聞いてみると、

・七月に日本に来た。

・日本で一緒にいるのは、母親と兄。「おとうさんは?」と聞くと、「ネパール」と下を向いた。

・ネパールで学校に通っていたことはあるようだけれど、どうも日本の高校に入る要件を満たしていない。

ことがわかりました。

つまり、ネパールにいる間も、日本に来てからの三カ月間も、Iさんは学校に通うことができず、周囲には、結果的にIさんの教育について考えてくれる人がいなかった、ということになります。近くの中学校への入学を断られた、というのも私たちの誤解で、そもそも学校には一度も行ったことがなかったのです。目を伏せたまま、やせた肩にかかった髪の毛を両手で触っていたIさんは、泣き出してしまいました。

子どもたちで混雑した一歩教室の机の端で、Iさんは顔を両手で覆ってしまいました。日本語はわからなくても、笹山先生の気持ちは通じたのでしょう。近くにいた子どもたちがびっくりした様子で私たちを見つめていました。

「まあ！　なんてこと！　それではまず、中学校に行かなくちゃ！」笹山先生のエンジンがかかりました。「私が一緒に中学校に行ってあげる！　だけどその前に、ご家族とお話ししなくちゃ。」

母親は日本語があまり話せないけれど、お兄さんはスマホを持っていて話ができるといいます。一緒に暮らしていて今日も会うということなので、笹山先生の電話番号と「Iさんの学校についての大事な話があるので、すぐに、必ず電話してください」と英文で書いたお兄さん宛のメモをIさんに託しました。

Iさんの未来を切り開くための大事なメモです。笹山代表は「だいじょうぶだよ。きっと学校にいけるよ！」とIさんの肩をもう一度固く抱きしめました。Iさんのようなこどもたちこそ、公立の夜間中学に通う資格があるのだと私たちは思います。そしてそういう子どもたちを見つけ、学校につなげる役割もまた、一歩教室の活動です。

けれどその後、Ｉさんのお兄さんから笹山代表のところに電話はありません。それぞれの子にそれぞれの事情があり、教室は子どもたちに無理やり通うように求めることはできません。けれどこのままではＩさんは日本で苦しい状況に置かれるでしょう。なんとかつながってほしいと願っています。

生命にかかわる識字の能力

二〇二三年夏、こんなことがありました。学習者の八十歳代日本人女性Ｍさんは子ども時代に文字を学習する機会がなかった義務教育未修了者です。彼女は家庭の事情で最近、市営住宅に入居し一人暮らしを始めました。一歩教室にいつもほぼ一番乗りをして、熱心に勉強を続けています。

ある夏の日、市営住宅の彼女の部屋にエアコンがないことを笹山先生が知りました。酷暑続きの夏で、室内で熱中症になるほどの暑さが続きました。エアコンなしでは生命の危機さえある最近の日本の夏です。笹山先生は電話をかけまくり、地域の社会福祉協議会に事情を説明して対応が実現し、エアコンを設置することができました。彼女は笹山先生に涙ながらに感謝の報告をしたといいます。

笹山先生によれば、「（エアコンの設置とともに）住居にほど近いコミセン（コミュニティセンター）の〈支えあい事業相談室〉へもご案内いただくことができ、日常的な生活支援を地域ぐるみで気にかけていただけることになりました」「入居の際、風呂釜や浴槽、換気扇など設備関連の情報が掲載されているパンフレットをいただいているのですが、彼女は何が書いてあるのか読めませんでした。実はご自宅の道路を隔てて真向かいにコミセンがあったのですが、〈コミュニティセンター〉の意味が分かりませんでした。また、コミセンの中の〈支えあい事業相談室〉の看板の漢字が読めず、何をしているところなのか、理解できませんでした」といいます。

一歩教室のつながりがあってよかったと胸をなでおろす一方、どこにもつながることができないために厳しい生活を強いられている人、文字が読めずに行政のさまざまなサービスにつながることができない人がまだいるのではないかと想像させるできごとでした。

冬から春にかけて、教室に参加できなくなっていたMさんは、前日に笹山先生に、体調や近況などを相談する電話がありました。一人暮らしでデイサービスに通うようにもなったのですが、「一人でいることが怖い、デイサービスに行っても自分だけ学校で勉強してこなかったからみんなで歌う歌が歌えない」と話しました。教室開始直後からの付き合いなのに、「学校で学べなかった」ことがいかに苦しいことか、置き去りにされる辛さがいかに深刻なものか、しっかり受け止めきれていなかった、と笹山先生は振り返りました。日本語の基礎知識が生命を左右することがあること、まさに生きるために日本語の知識が必要であることを、支援者は思い知ったのです。

一方、ネパール出身のPさんは六十歳代。母国で十二年制学校に行きましたが、十七歳の卒業と同時に結婚し、すぐにパートナーとともに来日。その後出産・育児に追われて日本語の勉強ができないまま今日に至ってしまったそうです。笹山先生の聴き取りに、「ようやく落ち着いたので自分のために勉強したい」と話しました。家族のために身を粉にして働いて、気が付くと自分だけが取り残されていた。それでも、一から勉強できる場所がほしかったといいます。一歩教室に通う日本人高齢者のMさんの事情と似ています。敗戦国の貧困、途上国の貧困の中で、女性というだけで学ぶ権利を奪われ、家庭の役割や仕事を学齢期から押し付けられ、未来の可能性を奪われる人びとがいます。

コラム　魯迅『故郷』をネパール女子と読む

二〇二二年十一月六日、ネパール出身の中3女子Kと、国語の教科書に載っている魯迅の『故郷』を読む。難しい。主人公の「私」が二十年ぶりに舟に乗って帰る故郷の村には老母が待つ。そして子どものころに一緒に遊んだルントウも。「私」が帰ってくるというので、いつも「お坊ちゃんはどうしていますか」と聞くルントウに「今度、帰ってくるから顔を見においで」と母は誘っていた。だが実際に顔を合わせると、懐かしくて昔のようにやあと言おうとした「私」より前に、痩せて陽に焼け皺を刻んだルントウは「旦那様！」と頭を垂れた。

さて学校のKへの出題は、このお話が提起している内容を念頭に置きつつ「希望」について書けというもの。「私」とルントウの関係は、二十年の間に積み重なった格差、貧困、子だくさん、兵役、徴税、干ばつ、政治的混乱のゆえに修復できないほどに壊れてしまった。もう昔のようにはいかない。しかしせめてルントウと私の子どもたちの間には、新しい、私たちのようではない希望のある未来が、ずっと友達でいられるような未来があってほしい。昔、ルントウとスイカ畑の中で遊んでいたときに二人を照らした紺碧の空の丸い金色の月の光のような、そういう希望がずっと消えずに輝いていてほしい。「私」は母とともに村を去る舟の中でそう願った、と短編の最後にある。

そこで「小さな子どもたちの未来を美しい月の光が照らし続けるためにはどうしたらよいのか。未来を導く明るい月の光こそが希望なのだ。私はそれを考えた」、と回答を一緒にまとめた。こんなの、日本人の十五歳だって難しいぞ！

ネパールからやってきた日本語もまだうまく読めない十五歳がこの課題を普通の日本人の級友とともに答えなくてはならない。不条理である。じっさい、外国の子どもたちを取り巻く世界は不条理に満ちている。まあそれはともかく、冒頭の二つの段落、つまり「私」が二十年ぶりに舟に乗って故郷の村に近づく情景、季節は冬で、舟から見る家々は寂しげで冷たい風が苫の隙間から吹き込んでくる「寂寥」（寂寥を説明するのに3分くらいかかった）を感じる情景、昔はもっと明るくにぎやかであったはずなのに、いや、昔は明るかったというのは間違いで、実は昔からずっとこんな風にさびしかったのではないかと思い直した、という二十行ほどを一時間ほど繰り返し音読し内容を説明した。Kは辛抱強くついてきた。

しかしとても全編をこの調子で説明する時間はない。そこでちょっとずるいけれど、私が本当に久しぶりに読み返して内容を説明した。お話の最後は、「私」が母を連れて再び舟に乗って村を離れるところ。紺碧の空に丸い金色の月がかかっている。「私」はルントウのこと、子どもたちのこと、子どもたちの未来、希望のことを考えた。「希望はもともとないものだ。希望は道のようなもので、人が歩くから道ができる」のだという。

では人はどこに向かって歩くのか。魯迅はたぶん、人は希望に向かって歩かなければならない。そういう世の中でなくてはならないと思ったのだろうなと考えた。漢字を調べながら回答を書くKの隣で、そんなことを考えた。厳しい毎日だと思うけれど丸い月、輝くといいね。

どんどん増える学習者

一歩教室の活動の様子は口コミで広がり、勉強したいという連絡が続きます。地域の社会福祉協議会や地元の中学校の先生などから笹山先生のスマホに連絡や相談が来ます。教室の場所がわからない初参加の人には、最寄りの駅まで支援者が迎えに行きます。多文化共生を勉強する大学のゼミの学生が先生に引率されて見学に来て、そのまま支援者になることもあります。取材に訪れた新聞記者や、見学に来た国会議員にも「ちょっとみてあげてよ」と支援をお願いします。来る者は拒まず、来た人はどんどん巻き込む。教室に一歩入ってしまうと、みんな学習者、支援者にしてしまう。一歩教室の「関係人口」は、増加の一途をたどっています。

二〇二〇年に五人で始まった一歩教室の学習者は、二〇二四年四月、二百八十人を超えました。笹山先生は言います。「主な増加の原因は、ご近所の小学生とおとなです。特に午前中は『大カオス』状態で、友だち連れの小学生であふれます。教室として利用している『憩いの家』の小さなキッチンに置いてある、支援者が荷物置きに利用していた長机まで出して対応する始末でした。学校の課題ができずに、今までほったらかしだった子どもたちは、一歩教室でみんなで勉強できることで安心できたのかもしれません。

「あの子もこの子も来ているから、私もやりたい。」新規参加の子どもたちはここに来る理由をそう話しています。

「増加要因」に小学生が目立つのは、名古屋市北部のこの地域に特有な傾向ではありません。

文部科学省が二〇二三年度に実施した「日本語指導が必要な児童生徒の受入状況等に関する調査」によると、日本語指導が必要な児童生徒は日本国籍一万千四百五人、外国籍五万七千七百十八人の計六万九千百二十三人です。増え続けています。都道府県別では外国籍の児童生徒の在籍数に限ると、愛知県が一万千九百二十四人で第一位、二位の神奈川県六千百八十二人の約二倍の多さです。

全国で日本語指導が必要な外国籍の児童・生徒をさらに細かく見ると、小学生三万八千百四十一人、中学生一万三千三百六十九人、高校生四千九百九十一人などとなっており、小学生が六五％以上を占めています。笹山代表が感じた通り、この小学生層の厚みを考えると、今後は現在以上に教室が「大カオス」状態になることが懸念されます。

日本語を勉強しようとやってくるおかあさんと一緒に、小学生や学校に上がる前の子どもたちも教室にやってくることが多くなり、二〇二三年四月から「憩いの家」の教室近くにある名北福祉会の「つぼみ保育所」二階をお借りして、「第２一歩教室」をつくりました。そこでは、ネパール出身のJさんやフィリピン出身のKさんが講師になる「親子英会話教室」が開かれ、自然に日本語が口をついて出てくるように、ゲームをみんなで楽しむ「（支援者の）Tさんのおもちゃの広場」などが定期的に開かれています。

二〇二四年一月十三日、年初始まりの「第２一歩教室」は、冬休みを挟んで久しぶりに顔を見る友だちが集まり、笹山先生は「子どもたちは興奮状態になった」とメールマガジンで紹介し、次のように書いています。

「第２一歩での小学生教室に参加する予定の子たちも憩いの家に寄って、新年の挨拶をしてから第２へ向かうなど、ちょっぴり落ち着いたかと思いきや、あとで第２の支援者さんたちのお話を伺うと、勉強などどこかへ飛んで行ってしまっていたそうです。勉強させたい支援者と逃げて騒ぐ子どもたち。勉強支援ができず、思い悩む支援者さんもおられたようで、本当に申し訳なく思います。久しぶりに教室で会った友達と興奮してしまったようです。そんな子どもたちの様子を聞くにつけ、きっと家でも『騒ぐな、静かにして！』と言われているんだろうなと、気の毒に思えました。低学年の子たちにとって、ここは『塾』ではありませんし、これといった到達目標もありません。つまり、『～ならない』ところではないのです。『楽しいから来たい』『友達がいるから来たい』。学校のそれぞれの教室に入ると、おそらく孤立している子どもたちにとっては、第２一歩が『来たい』と思えるところになっている、それだけでも十分かなとも思うのですが、大騒ぎの何が『まずい』のかについて、日本語で『話し合う』場を作ってもいいかもしれませんね。遊んじゃうのでも、どんな日本語が出てきているか、誤解のないやり取りができているかなど、活用することのできる『勉強の要素』はたくさんあります。

※「第２一歩教室」は、二〇二四年四月、一歩教室の移転によりなくなり、「英会話教室」は東町交流センターで活動を続けています。

芋煮会でにこにこ

引っ越しをする前の「憩いの家」では、支援者や学習者の発案でカレーやチヂミ、芋煮鍋を教室の小さなキッチンでつくり、食事会を企画しました。学習者や支援者の親睦活動も始まりました。

二〇二三年十二月二十三日。この一年を締めくくる「芋煮会」が開かれました。ネパール、フィリピン、台湾、スリランカ、ウクライナなどの外国にルーツのある中高校生学習者や日本人高齢者、そして大学生、社会人、社会人ＯＢらの支援者が集まり、鍋はもちろん、支援者が用意した手作りの料理や、学習者が自宅で作ってきたプリンなどが並び、たいへんにぎやかな会になりました。

二〇二五年春には名古屋市などの公立夜間中学が開校し、公教育との連携が今まで以上

芋煮会でにぎわう「憩いの家」

ネパール出身の学習者が多く、
カレー食事会は好評でした。

に求められます。学習者への支援の仕組みをこれまで以上に整え、学習を保障する網の目をさらに密にしていかなくてはならず、私たちの責任は重大です。楽しい集まりでしたが、同時に来年以降の大きな変化の予兆を前に、身の引き締まる思いでありました。

学習者だった二人がそれぞれ結婚しました

二〇二四年二月八日の笹山先生のメールマガジンから。「学習者であり支援者のスリランカのGさんがとうとうご結婚！　同じくネパールのSさんもご結婚！　Gさんは十二月末に。Sさんは三月末に式を挙げるとのこと。お二人とも教室開室当時からの参加者であり、最大の理解者・協力者です。お連れ合いの日本語サポートでこれからも教室とつながっていただけるとのこと。嬉しいですね！　まずはおめでとうございます」。

ネパールから日本へ働きに来て、苦労して日本語を勉強して仕事を始めて、結婚相手を見つけました。引き続き一歩教室への支援者として活動し続けてくださるとのことです。教室の歴史を感じるニュースでした。

「これからどうする」を考える

二〇二四年二月二十日、「愛知夜間中学を語る会」の事務局会議が開かれました。メンバーは、代表の笹山先生、副代表の上村、本田、事務局長兼会計の重原、会計監査の高橋の五人が以下のような点などについて意見交換しました。

1　これまでの活動の反省。学習者数が増加し学習支援が滞る事態が起きている。

2　学習者の数が増加したため、教室が手狭になっている。

3　高校入試の出願手続きが一新され、また今後の学習者の増加も見込まれることから、支援者はどこまで学習者をサポートすべきかを改めて検討すべき時期に来ている。

4　蟹江町など遠隔地から通う学習者の増加により交通費支給の現行ルールの再検討の必要はないか。また収入源の一層の多角化を図るとともに、年間二千円の会費を三千円にしてはどうか。

5　支援団体からの寄付への期待は大きい。また今後の活動の在り方を考えるうえでも、現行の任意団体ではなく、寄付を受けやすくする意味も含め法人格の取得を検討すべきではないか。

6　教室は「自主夜間中学」を名乗っており、学校に結びついていない、または学校生活になじめない学習者を支えることが活動の本来の趣旨であることを再確認。日本語のトレーニングを目的にして一歩教室を利用しようとする技能実習生などの方々へのサポートは、余裕があるときはよいが、今後の展開によって、そうした利用希望者にどう対処していくべきか。
7　空き教室があり、かつ外国ルーツの生徒の学習支援を求めてくる近隣の中学に対し、一層の支援、協力を求めるべきではないか。
8　以上の点を考慮し、約三年ぶりに「語る会」の規約を改正すべきではないか。
これらの点は、今後、一歩教室を運営していくうえでいずれも避けて通れない重大な問題であることから、今後も引き続き県、市教育委員会、付近の中学校、支援団体と連携しながら解決していく方針を確認しました。

突然の引っ越し

二〇二四年三月、一歩教室は突然、教室として使っている「憩いの家」からの退去を求められました。これまでの教室は、名古屋市営地下鉄名城線の平安通駅から徒歩約十五分の木造平屋建てです。土曜日に一歩教室が使わせていただいているほか、地域の高齢者の大正琴や麻雀クラブの活動に利用されてきました。突然の連絡だったので、早急に新たな教室の場所を探さなくてはならなくなりました。

2024年４月、教室の引っ越し直前、
「憩いの家」前で記念撮影をしました。

これまで教室として活用していた家は、地主さんから名北福祉会が借り受けていたものです。社会福祉法人名北福祉会は、障がい者や高齢者施設、保育所、子育て支援、子ども食堂などさまざまな活動を展開している地域の助け合い組織です。

平安通駅の隣に大曽根駅があります。この駅は、ＪＲ中央本線、名古屋鉄道瀬戸線、地下鉄名城線、ゆとりーとラインが乗り入れる大きな駅で、駅前の飲食店などでアルバイトをしている学習者も少なくないのです。

　この大曾根駅から徒歩十五分ほどの場所に、名北福祉会の活動拠点、「東町交流センター」があり、一歩教室は二〇二四年五月から、そこで活動を続けられることになりました。

　ところで、やはり地域で生活支援、就労支援などの幅広い社会活動を実践している一般社団法人「草の根ささえあいプロジェクト」があります。

　一歩教室はこれまで、「草の根ささえあいプロジェクト」との交流はありませんでした。ところが今回の突然の移転の話によって、さまざまなチャンネルを通じてＳＯＳを発信していたところ、応援してくださっている大学の研究者の方から、一般社団法人「草の根ささえあいプロジェクト」が大曽根駅のすぐ近くに地域活動に利活用することを想定にしたスペースを準備しているらしい、との情報提供を受けました。

　このスペースを教室に利用することはできないだろうか。そう考えてお話をうかがいに行ったところ、幸運にも「草の根ささえあいプロジェクト」のみなさまが私たちの活動を理解してくださり、部屋を利用することができることになりました。

　二〇二四年四月十一日、笹山先生は、支援者向けのメールマガジンで、一歩教室の移転について、次のように公にしました。

五月四日の土曜日から、次の三カ所での展開となります。よろしくお願いいたします。

拠点は「名北福祉会東町交流センター」になります。ここの開室日時は、土曜日十時～十七時。

土曜日は丸ごと一階から三階まで使用可とのことですので、第２一歩としていた場所は閉室し、階ごとに利用場面を変えることにします。

二つ目は「一歩草の根教室」（大曾根）。ここの開室日時は、土曜日十三時～十八時。

三つ目は「サテライトＤＯＮＤＯＮ教室」（金山、通称どんどん教室）ここは水曜と土日を除く十三時～十七時。

通称どんどん教室は、副代表の上村さんが中心になって立ち上げてくださいました。夜間中学級に通う生徒への昼間の対面指導および緊急性の高い学習者向けの教室です。

遠方の学習者へのオンライン指導も展開してくださることになっていますが、スペースに限りがあるため、学習者も支援者も参加には事前相談が必要になりますのでご理解ください。

今まで通り都合に合わせて自由に参加できる教室は「東町」と「草の根」の二カ所です。

「東町」は名古屋市立宮前小学校の東北向かいの黄色い三階建てビルです。大曾根の

「草の根」は「松田ビル」。

また四月二十四日のメールでは次のようにこれまでの活動への思いとこれからの決意を記しました。

憩いの家での最後の教室活動は（四月二十日に）無事終了しました。

二〇二〇年に「語る会」を立ち上げ、そこから会場探しに奔走、（支援者の）本田直子さんに「名北福祉会　憩いの家」をご紹介いただき、八月八日の開室。

そこからの怒涛の三年半。「自主夜間中学はじめの一歩教室」は、学習者を中心に地域と行政を巻き込んだ全国的にも類まれな教室へと大きく成長を遂げました。

四年目に入るこの時期に、奇しくも三（このあともう一つ増えました）展開することになるとは夢にも思わなかったのですが、これも何かのご縁です。新たな教室では、すでに担当者の間で、新たな社会的リソースにつながれることで拡がる『やれること』が話題になっています。

拠点の東町では、教室開室時から笹山が強く望んでいた地域の自治会長さんたちと外国人住民ご家族とのつながりがさまざまなイベント企画を通して実現できそうです。すでに二カ所の自治会長さんからアプローチをいただいています。草の根教室では、草の根プロジェクトさんとの協働で若者世代を中心としたさまざまなアイデアが実現できそうです。サテライトＤＯＮＤＯＮ教室も、名古屋市教育委員会など行政からの注目をいただいています。どこも充実した支援展開が期待できると思います。運営は今まで以上に繊細な気配りが求められることになりますが、「時代」が我々を望んでいるように感じています。学習者を中心に据えての支援では、当然「時代」のほころびも目に付きます。そのほころびの存在を地域や社会に問題提起しながらぼちぼちがんばる所存です。今後ともどうぞご支援賜りますようよろしくお願いいたします。

また、これまでボランティアの支援者には、教室までの交通費を実費で支払ってきたのですが、これは一歩教室の支援者に対するせめてもの感謝の気持ちを込めたものでした。支援者で会計責任者の重原厚子さんが毎回、勉強に来た学習者に交通費を釣銭のないように支払うとともに、支援者にもその都度、教室で手渡ししてきました。神経を使う、細かい仕事です。しかし、交通費を教室が負担するからこそ、通ってくることのできる学習者がいる以上、これは続けなければなりません。

しかし新たな教室への移転に伴う固定費の増加に伴い、支援者への交通費を二〇二四年五月から支払うことができなくなりました。総会の議題にもあるように、運営費用の捻出は極めて重大な課題です。今後とも収入源の安定を図っていかなくてはなりません。

第二章　二〇二五年春に開設される公立夜間中学との連携を模索

行政の動きと「語る会」

一歩教室を運営する「愛知夜間中学を語る会」は二〇二二年十二月二十二日、愛知県教育委員会、名古屋市教育委員会を訪問しそれぞれが設置の意向を表明している公立夜間中学について、民間を交えた実態調査を早急に実施し、学習者、支援者の直面する問題を十分把握したうえで早急に夜間中学を設置するよう求める要請文を手渡しました。

要請は十八日に同市内で開かれた「公立の夜間中

愛知県教育委員会で担当者（右）に要請文を手渡す「愛知夜間中学を語る会」メンバー

学設立キックオフ集会」の席上、採択された「アピール」で言及された①関係者の要望を反映する実態調査を県、市、民間団体で連携して実施する②すでに活動している民間団体を加えた夜間中学設置検討委員会をつくり具体的な設置方針を策定する③これらの審議結果を踏まえ必要かつ十分な内容、要員、施設、規模を備えた夜間中学を設置する、の三項目。

代表の笹山先生は、「県、市は現に活動している民間団体で培われた知見を十分に聴取したうえで設置計画をつくってほしい。民間の活動は今後も継続するが、これから設置される公立夜間中学こそが主要な学びの場となるべきです。そのためにも県・市と民間との連携体制を作り上げたい」と話しました。

「公立夜間中学」とは

そもそも、公立夜間中学とはどのような学校なのでしょうか。

文部科学省の説明によると、「夜間中学」とは通称です。法律で定められた名前ではありません。学校教育法第一条で規定される一般的な中学校と夜間中学とは、ただ授業が行われる時刻に違いがあるだけです。教育機会確保法第十四条の「夜間その他特別な時間において授業を行う学校」というのが、夜間中学のことです。

現在の公立夜間中学は、▽授業料はありません▽授業は週五日あります▽教員免許を持っている先生が教えます▽全課程を修了すれば中学校卒業の資格が与えられます。

同省が都道府県と政令市の教育委員会担当者に宛てた「夜間中学の設置・充実に向けた取組の一層の推進について（依頼）」（二〇二二年六月一日付）の付属資料では、先行して設置された徳島県立しらさぎ中学校の事例が「設置検討の参考」として紹介されています。

それによると、入学することができるのは①学齢年齢を超えている人②小中学校を卒業していない人、または、義務教育の学び直しを希望する人③原則として徳島県に住んでいるか、徳島県で働いている人（国籍は問いません）、三条件をすべて満たしている人、とされています。

文部科学省によると、二〇二四年四月時点で、十八都道府県、十三指定都市に計五十三の公立夜間中学があります。二〇二五年には、愛知県、石川県、三重県、鹿児島県の四県、名古屋市、岡山市の二政令市、和歌山市など三市の計九県市が開校予定です。

在留外国人の数などにもよりますが、この時点で「開校に向けて検討を進めていることを公表していない地域」とされるのは青森、秋田、岩手、山形、山梨、富山、岐阜、島根、山口、愛媛の十県です。出入国在留管理庁によると、二〇二三年六月末現在、このうちで在留外国人が最も多いのは、岐阜県の六万五千四百七十五人。二〇二五年の開校予定を発表した三重県の六万一千二百八人よりも四千人以上多いのです。公表していないというだけで、検討していないということではありませんが、この六万人以上の外国人、そして学ぶ機会が得られなかった高齢者らの中には、夜間中学関係者のいう「学ぶ場という人生最大のプレゼント」としての夜間中学がもうすぐできるというニュースを心待ちにしている人もいるのではないでしょうか。

コラム　全国初！　沖縄県内に私立の夜間中学校開校

『沖縄タイムズ』などによると、学校法人雙星舎《そうせいしゃ》（沖縄県南城市・星野人史理事長）が運営する私立夜間中学校「珊瑚舎スコーレ東表《あがりおもて》中学校」が二〇二四年四月一日、同市内に開校しました。六日、「入学を祝う会」が行われ、四十～六十代の四人が入学しました。私立の夜間中学校としては全国で初の開校です。

同校によると、珊瑚舎スコーレ東表中学校は学費無料です。「義務教育未修了の原因は一つではありませんが、貧困のために学校に通うことができなかった方が多数です。再び学費が障壁となり、入学を諦める方が一人もないようにしたいと考えました。運営費はすべて寄付金、助成金などで賄います。」とのことです。

同年六月時点で、沖縄県には公立の夜間中学はありません。珊瑚舎スコーレは二〇〇四年からNPO法人が自主夜間中学を運営してきました。今回、沖縄県の認可を受け、学校法人として中学卒業認定ができるようになり、公的な卒業証書を受け取ることができます。

激烈な地上戦が展開され、荒廃した農地と広大な米軍基地の用地接収という過酷な現実を生きる中で、就学機会を奪われた県民は多数に及びました。スコーレのホームページには、「入学希望者が少ないから夜間中学校は必要ないとは言えないのです。校門を開け、教室の戸を開け、使う机と椅子を用意し、夜間中学校の話をする教員がいて初めて義務教育未修了という学歴に対するコンプレックスを凌駕する学びへの欲求が頭をもたげるのです」と記されています。これは沖縄県のみならず、全国の自主夜間中学関係者の問題意識と重なる言葉ではないでしょうか。

がんばれ愛知県教育委員会！

二〇二三年二月二〇日、愛知県の大村秀章知事は定例知事会見で、豊橋工科高校に併設する予定の県立夜間中学校に関する記者からの質問「新年度の予算では調査費などの予算はついていなかったと思います。今後予算をつけていくなど、今回つけなかった理由はありますか」について、回答しました。

この中で大村知事は、「予算がついていないことはないので。あれは、豊橋工科高校の中にね、作るということなので、教育費全体の中でやると。新たに調査する必要はありませんのでね、もう。やるというだけなので。必要なのは、何ていいますかね、今ある教室、夜間中学なんで、昼間の教室を転用できるので、それをどういうふうに転用するかということと、実際、あそこは定時制がありますからね、豊橋工科高校は。なので、給食施設ですね、そういったものも使えますので。若干定数が、あれは四十人学級一クラスかな、取りあえず。といっても十分対応できるということなので。

基本、ほとんど設備なり備品等は使えるか、若しくは必要なものはまた調達するというので、何が必要かというのを、いわゆる県の教育委員会の教育費用が全部で一千何百億あるはずですけどね、その中でやるということなので。何か外部委託してどうのこうのと、そういう話ではないのでね、予算的には十分対応できるということは申し上げたいと思います」と述べました（愛知県HP「知事のページ」より引用）。

しかしこの理屈を敷衍すると、同時にスタートした名古屋市こそ、小中学校の校舎はすでにたくさんあり教員もいるのだからなおさら新規の予算などいらないはずです。ところが実際は一千百万円の「設置に向けた調査」を（多いか少ないかは別として）当初予算案に計上しています。市は「先進事例の調査及び教育課程の検討等」のために必要だと予算書で説明しています。つまり教育委員会の通常の予算を揺さぶれば対応できるという県に対して、市はこのために項目を立てて新規事業を予算化した、ということです。

問題に対処する際のこのような姿勢の差が、知事の説明により鮮明になったわけですが、愛知県と名古屋市の間でどうしてこのような相違が生まれるのでしょうか。判然としません。

大村知事はこの記者会見から約一カ月後の三月二十八日、外国にルーツのある生徒を対象に日本語教育などを行う中高一貫校を衣台高校（豊田市）に設立すると同日の記者会見で明らかにしました。衣台高校はこうした生徒を全日制ですでに受け入れています。

さらに県教育委員会は外国にルーツのある生徒を受け入れる夜間中学を、二〇二六年度中に豊田西高と小牧高に設置し、不登校を経験した生徒を想定した夜間中学を、同年度に一宮高に設置すると明らかにしました。

「特に予算項目を立てる必要はなく、豊橋工科高校に一つ併設する。あとはやるだけです」といっていた知事が、その一カ月後にはさらに衣台高、豊田西高、小牧高、一宮高に設置すると突然、発表しました。この間に何か事情が変わったのでしょうか。

国会議員連盟に現状を説明

笹山先生らは二〇二三年七月二十六日、超党派の夜間中学等義務教育拡充議連会長を務める丹羽秀樹衆院議員を訪ね、県、市の公立夜間中学設立の動きや経緯、現状について話し合いをするため、春日井市内の事務所に向かいました。

議員本人は不在だったため担当秘書に報告、懇談しました。県、市教育委員会担当者の出席はありませんでした。一歩教室について笹山先生らは、日本語が未習得の学齢期の外国ルーツの子どもたちにとり、公立中学の日本語による教科学習は理解困難な事例が多く、さらに週に一日の自主夜間中学の学習だけでは基礎学力の習得に限界があるため、公立夜間中学開設が急がれると訴えました。

そのうえで県や市の教育委員会に対し、開設される公立夜間中学でどのような指導体制が求められるかをより丁寧に調査するため、教育機会確保法の趣旨に沿って民間の支援団体の知見をより参考にするよう議連として行政に働きかけてほしいと要請しました。

笹山先生は「ほとんどの子どもたちは日本で教育を受け、日本で働き、日本で生きることを望んでいます。また日本の社会も彼らなしに経済活動を維持できなくなっているのだから、彼らが日本で生きていくための教育を受ける態勢を整えることは双方にとり重要なことです。そのことを今後も訴えていきたい」と話しました。

国会院内集会でアピール

二〇二三年十月十一日、自主夜間中学の現状と問題点を国会議員に説明するため、笹山先生は衆議院議員会館大ホールで始まった「10・11全国に夜間中学を！　更なる開設と充実を！　国会院内集会」に参加しました。この集会は、「夜間中学等義務教育議員連盟」と「全国夜間中学校研究会」との共催です。開催目的は二点。「①教育確保法施行後もいまだに進展していない地域への開設促進②全国自治体への周知」だそうです。

議員たちは、衆参両院から約七十人が参加。文部科学省の「教育制度改革室長」などの幹部も参加しました。一般参加者も東京の「語る会」を始め、関東近隣の関係者がたくさん傍聴に来ました。

各地からの報告では夜間中学の設置だけでなく、開設後の学校運営上の具体的な課題が紹介されました。福島、北海道、愛知、埼玉・川口など、いずれも地元に公立夜中設置を求めてきた自主夜間中学の関係者が発言しました。

笹山先生は、一歩教室での取り組みとともに参加者の急増を紹介しつつ、開設を決めた地元での夜間中学関連の予算が圧倒的に少ないことと、夜間中学をもっと社会的に広げる役割を議員連盟こそが率先して担うべきだと訴えました。「地元の県議が誰一人として自主夜中に見学にすら来ないのはいかがなものでしょうか」「見るだけでなく、実際に支援に入らなければ当事者の困りごとは共有できません」「名古屋市も愛知県も既存施設を活用するとなっていますが、県立の場合、どこも老朽化が激しく、それが昼間の学校が敬遠される理由の一つとなっています。特に二〇二五年開校の夜間中学が入る豊橋工科高校の定時制の給食設備は、更新が必要なのに予算がついていない。該当校の現場の教職員が大変心配しています」「そもそも教職員の人手不足で、夜間中学にまで人が出せるか懸念されます」「学習者が学びやすいきめ細やかなサポートが受けられる夜間中学は、日本語支援や福祉関係者も含め外部支援者とともに協働・連携せざるを得ず、こうした支援者が安定的に支援に入っていただけるようにしなければなりません。教職員にとっても働きやすい職場にしていかなければなりません」という内容です。

名古屋市の計画案、明らかに

二〇二三年十一月一日、「名古屋市立夜間中学設置基本計画（案）」が明らかにされました。これまでの有識者や民間の自主夜間中学を運営するボランティアらの意見聴取を踏まえた計画案になりました。

入学できるのは、学齢期を過ぎて義務教育を修了していない人、外国人、不登校などの理由で「形式卒業」するなど義務教育が十分に受けられなかった人。そして、「不登校になっている学齢生徒への支援」として「学級定員の範囲内において、名古屋市内に在住する中学生を対象とし、夜間中学で学ぶことについて検討する。なお、受入の際は、在籍校に籍を残したままとし、在籍校で指導要録上の出席扱いとする。」ということです。不登校は全国で約三十万人もいて、しかも増え続けています。これにどう対応していくのか。夜間中学はそのセーフティネットの役割を与えられています。

名古屋市教育委員会の職員が一歩教室を訪問しました。

「学級定員の範囲内」とは何人なのかは明記されていません。ただし「学校規模」として「一学年一学級」とし、「全国の夜間中学における在籍者数の平均が三学年で三十九名（二〇二二年五月一日時点）であり、（中略）一学年一学級を想定する。」ということです。

年度途中でも入学でき、最長六年間在籍できます。それより長い期間も、校長の裁量で可能。名古屋市外の市町からの入学も排除しないということです。校長は夜間中学専任で全日制の校長との掛け持ちはしません。ほかに「日本語や日本文化への不安に配慮」「車いす利用者などを想定し環境に配慮」など、市教委が計画を策定するにあたって先行自治体の施策を研究していることがうかがわれます。

最初の市立夜間中学は、ＪＲ名古屋駅に近い名古屋市立笹島小中学校内に設置されます。この一校は、今後増加すると見込まれる市立夜間中学校の最初の一校と思われます。なぜなら、文部科学省が示す「日本語指導が必要な児童生徒の在籍人数」（二〇二三年）を見ると、愛知県は一万千九百二十四人。二位の神奈川県六千百八十二人を大きく上回り全国一位だからです。しかも小学生が増えています。「一歩教室」でも通ってくる学習者数は三年間で五人から二百人超に急増しています。

つまり今後、名古屋市内で日本語指導が必要な外国人中学生が猛烈な勢いで増えることがすでにわかっているのですから、公立夜間中学校の需要はますます増えていくでしょう。

となると、既存の小中学校での外国人児童生徒への支援がこれまで以上に求められます。市立とは別に県も夜間中学をつくるということです。しかし、公立の小中学校のみで彼らの日本語と教科の学習内容の理解がはかどるとは思えません。それゆえ、民間のボランティアや地域社会の協力が求められることになるのです。

従来の学校制度が想定していた従来の日本の地域社会像はとうの昔に崩れ去っています。企業などの組織に順応する「使いやすい」人間をつくるいわば「人間の標準化」を目指す教育にしがみついている限り、不登校は増え続けるとみられます。

外国にルーツのある児童、生徒が増え続け、不登校が増え続けます。にもかかわらず、こうした状況下ですら、あくまで全日制の、昼間の昔ながらの中学校、高校がメインストリームであって、夜間中学や定時制は補完的な位置付けだという考え方から脱却できないままでは、状況は一層深刻化するでしょう。

どちらがメインという考え方をしない、いわば「複線化」の考え方へと世の中全体が成長するべきなのです。そういう時代が始まっているのです。そもそも公立夜間中学の設立を国が法律を作って定めたこと自体、従来の学校のあり方の限界を示しているのではないでしょうか。

ではどうすればよいのか。それを考えるのが行政と地域の、なにより地域社会に生きる私たち全員の仕事なのではないでしょうか。

愛知県と名古屋市、夜間中学の当初予算案を発表

愛知県は二〇二四年二月九日、名古屋市は十三日、それぞれ令和六年度当初予算案を発

表しました。

県はこの中で夜間中学について「日本語指導が必要な外国にルーツをもつ方や不登校などの理由により中学校に十分に通えなかった方に対する日本語の基礎指導や義務教育段階の学び直しに対応する夜間中学を設置します」として、二〇二五年四月に「とよはし中学校」（豊橋工科高等学校内）、二〇二六年四月に「とよた中学校」（豊田西高等学校内）、「こまき中学校」（小牧高等学校内）、「いちのみや中学校」（一宮高等学校内）をそれぞれ開校すると説明し、そのための予算を、三千四十一万八千円計上しました。「事業内容」は、「とよはし中学校開校に向けた教室模様替え工事、教材等購入」「こまき中学校、いちのみや中学校開校に向けた教室模様替えの実施設計」「広報活動」などと説明しました。

一方、名古屋市は、「夜間中学の整備」の趣旨として「普通教室及び職員室をはじめ、夜間中学の開校に必要となる教育環境を整備するとともに、各種説明会及び広報啓発を行う」として一億一千七百七十五万七千円を計上しました。設置場所は中村区名駅四丁目一九の一（笹島小学校、笹島中学校内）、開校時期は令和七年四月。（参考）として夜間中学の概要を「授業料無料、学年一～三年、授業日週五日（月～金曜日）、夜間中学の教育過程を修了すれば中学校卒業となる、名称は、なごやか中学校」などと説明しました。

同じ時期にまずは一校ずつ夜間中学校を開校する愛知県と名古屋市ですが、計上された予算は、県が三千四十一万円、市が一億一千七百七十五万円です。どちらも校舎や設備を新規に用意するのでなく、既存の高校や中学の校舎を利用する同様な方法です。県は「教室の模様替えや広報」、市も「普通教室および職員室をはじめ必要な教育環境整備」と「説明会、広報啓発」と似たような予算の使途を挙げています。そこで、なぜこれほど予算額に違いが生じるのか。とても興味深い数字です。

名古屋市立、愛知県立夜間中学の生徒募集チラシできる

二〇二四年二月十四日、「夜間中学で学びませんか?」という活字が目立つ多色刷りのポスター（暫定版）が完成し、公表されました。二〇二五年四月に市立笹島小・中学校に市立夜間中学が開設され、生徒を募集する内容です。日本語版には漢字にルビがふられ、英語版も作られました。

「なごやか中学校」の名前は表記されていませんが、住所、最寄り駅はもちろん、「どんな人が入学できるの?」「どんな学校なの?」「どうすれば入学できるの?」「夜間中学の一日の生活は?」などの質問に答える短い文章が掲載されています。

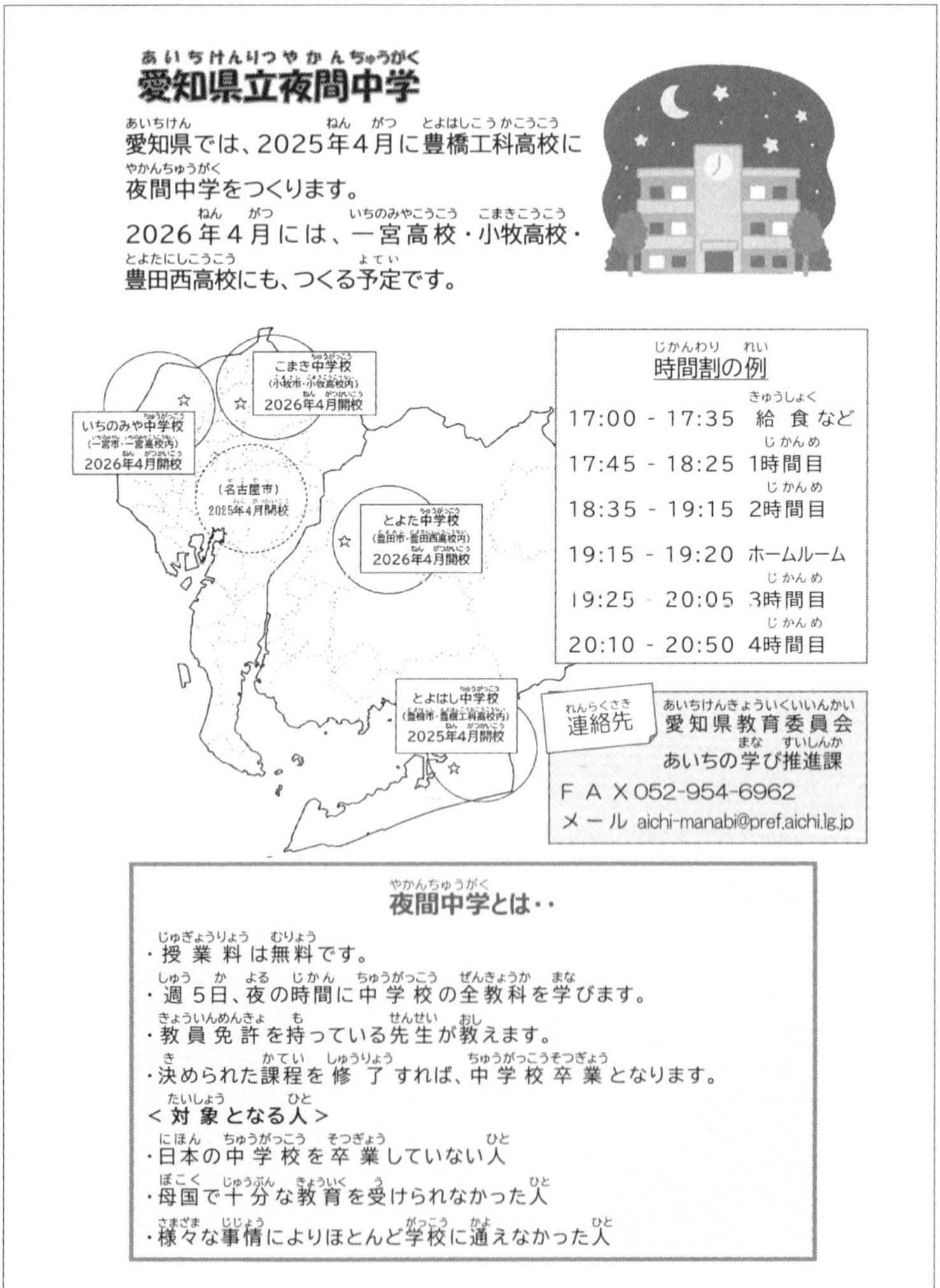

愛知県立夜間中学《あいちけんりつやかんちゅうがく》

愛知県《あいちけん》では、2025年《ねん》4月《がつ》に豊橋工科高校《とよはしこうかこうこう》に夜間中学《やかんちゅうがく》をつくります。

2026年《ねん》4月《がつ》には、一宮高校《いちのみやこうこう》・小牧高校《こまきこうこう》・豊田西高校《とよたにしこうこう》にも、つくる予定《よてい》です。

時間割《じかんわり》の例《れい》

17:00 - 17:35	給食《きゅうしょく》など
17:45 - 18:25	1時間目《じかんめ》
18:35 - 19:15	2時間目《じかんめ》
19:15 - 19:20	ホームルーム
19:25 - 20:05	3時間目《じかんめ》
20:10 - 20:50	4時間目《じかんめ》

連絡先《れんらくさき》
愛知県教育委員会《あいちけんきょういくいいんかい》
あいちの学《まな》び推進課《すいしんか》
ＦＡＸ052-954-6962
メール aichi-manabi@pref.aichi.lg.jp

夜間中学《やかんちゅうがく》とは・・

・授業料《じゅぎょうりょう》は無料《むりょう》です。
・週《しゅう》5日、夜《よる》の時間《じかん》に中学校《ちゅうがっこう》の全教科《ぜんきょうか》を学《まな》びます。
・教員免許《きょういんめんきょ》を持《も》っている先生《せんせい》が教《おし》えます。
・決《き》められた課程《かてい》を修了《しゅうりょう》すれば、中学校卒業《ちゅうがっこうそつぎょう》となります。

＜対象《たいしょう》となる人《ひと》＞
・日本《にほん》の中学校《ちゅうがっこう》を卒業《そつぎょう》していない人《ひと》
・母国《ぼこく》で十分《じゅうぶん》な教育《きょういく》を受《う》けられなかった人《ひと》
・様々《さまざま》な事情《じじょう》によりほとんど学校《がっこう》に通《かよ》えなかった人《ひと》

愛知県立夜間中学校のチラシ（日本語）。

名古屋市は二〇二三年十一月、一カ月間、市民から意見を募集したのちに「市立夜間中学設置基本計画」をつくり公表しました。「なごやか中学校」はこの基本計画に基づいて運営されます。

基本計画で重要なのは、「関係機関・支援団体との連携」が明記されている点です。これにより、これまで地域で外国ルーツの子どもたち、不登校の子どもたち、学びたいと希望する高齢者を支援してきた民間の組織と協力し、一体となって勉強の環境を整える方針が確認されました。

一方、愛知県は同年三月一日、県立夜間中学の生徒を募集するチラシをつくり公表しました。日本語のほか、英語、中国語、ポルトガル語、スペイン語、タガログ語の計六カ国語で生徒を募集しています。

名古屋市教育委員会と支援者らが懇談

名古屋市立夜間中学の開設までほぼ一年となった二〇二四年三月十九日、夜間中学担当の市教委事務局新しい学校づくり推進室の主任指導主事ら三人と一歩教室の支援者ら七人で懇談会が開かれました。

市立夜間中学がどのように運営されるのか。民間の支援団体とどのように連携を進めていくのか。外国ルーツの子どもたちへの日本語教育で用いられる教科書はどのように選ばれるのかなど、支援者側から質問が多く出され、夜間中学への期待の大きさが示されるかたちとなりました。

さまざまな事情で義務教育を修了できなかった高齢者や、不登校などにより十分な教育を受けることができなかった十五歳以上の人、そして十五歳以上で外国にルーツがあり、出身国で義務教育を受けることができなかった人などの多様な生徒を受け入れることが想定されるため、教育委員会も起こり得るさまざまなケースに対応すべく準備作業に追われています。

支援者からは、例えば、現状でも十五歳以上の外国ルーツの人が従来の昼間の公立中学に通っている事例があるが、夜間中学が始まると、そうした生徒が夜間中学に移ることを勧められることもあり得るのか、などの懸念が示されました。

教育委員会側は、「夜間中学への期待が大きいことは理解しているが、もちろん何でもできる学校ではない。しかしさまざまな希望をもってやってくる生徒たちの学習環境を整えるため、今後も懇談会を開いて情報交換に努めたい」と話し、支援団体との協力関係を維持し進展させる方針が確認されました。

名古屋市、愛知県が夜間中学の説明会開く

名古屋市教育委員会は二〇二四年八月三日、来春開校予定の市立夜間中学「なごやか中学校」の学校説明会を同市内で開きました。入学希望者、保護者、一歩教室を含む支援者、学校関係者ら約四十人が出席し、説明に聞き入りました。

説明会は第一回目。①入学資格②授業の時刻③学校の所在地④学習教科⑤日本語支援体制など教員による支援内容の順に説明がありました。

二〇一〇年四月一日までに生まれた人が入学の年齢条件。さらに義務教育を修了できなかった人、または外国籍があり本国で義務教育を修了できなかった人、または不登校などの事情で「形式卒業」はしたものの十分な教育が受けられなかった人に入学資格がありますす。入学試験はありません。働きながら入学し学習できます。

授業は月曜から金曜の午後五時半から午後九時まで。一授業は四十分。給食は午後六時十五分から二十五分間の休憩中に提供できるよう検討中とのことです。

所在地は市中心部にある市立笹島小学校、中学校（中村区名駅四—十九—一）敷地内に新設される専用校舎。車いす利用者などを想定し教室はいずれも一階にあります。また理科や家庭科などの特別教室は隣接の小中学校の施設を利用しますが、エレベーターが利用できるといいます。昼間と同様の教科を学習し、卒業すれば卒業証書がもらえます。最長六年間在籍できます。

基本は学級全員で学びますが、日本語の支援を希望する生徒には午後五時から三十分間を学習時間に充てます。教員はいずれも専任で十人程度を検討中です。

愛知県内であれば、名古屋市外の居住者でも入学できる見込みです。

希望者は今後、説明会場などで入学願書を入手し、必要事項を記入、必要書類を準備し提出後、一月中の個別面談をふまえて入学が決定します。

市教委は「なごやか中学校は多様性を尊重しながら、一人一人を大切にし、誰もが安心して学ぶことができる生徒が主役の学校です。自ら学びたいという気持ちを持って入学してほしい」と周知に努めています。

また愛知県教育委員会は八月七日、県立豊橋工科高校（豊橋市草間町官有地）で、来春開校予定の県立夜間中学校「とよはし中学校」の入学希望者説明会を開きました。会場には希望者のほか一歩教室などの支援者、教育関係者ら約三十人が参加しました。

説明によると、新しい夜間中学はＪＲ・名鉄豊橋駅に接続する豊橋鉄道渥美線南栄駅から徒歩八分。工科高校の校舎を使用します。入学できるのは、県内在住・在勤で二〇一〇年四月一日以前に生まれ、①日本または海外で義務教育を修了していない、または②十分な教育を受けられないまま中学校を卒業した人。日課は月曜から金曜まで、午後五時三十五分から午後九時まで。希望者には給食が午後五時から（月額四千六百円くらい）。「教材費」（月額千二百円くらい）が必要とのことです。

第三章　地域とつながる

学習者による英会話教室

一歩教室で学んだ子どもたちの年長者は高校生になり、中には地域で英会話教室の講師としてボランティア活動を始める子も出てきました。二〇二三年五月から月に一～二回、土曜の午後三時ごろから、一歩教室の学習者の二人ＪとＫが講師になり、学習者や地域の人たちを対象に英会話教室を始めました。日本語や教科を学んできた学習者が、何かを教わるのでなく、自分たちが持っている知識を地域のために生かしたいという積極的な貢献活動が始まりました。

外国籍の未就学年齢の子どもたちが多く通っています。ここでしか顔を合わせることのない子どもたちも多く、子ども同士のつながりをつくる場としても大切な役割を果たしています。

学習者とその家族のための地域防災教室

二〇二三年七月九日。この季節は連日、大雨の被害がニュースになります。日頃の備えが大事だということはみんな知ってはいるけれど、実際どれくらいの人が緊急時の避難場所や装備、備蓄についてわかっているでしょうか。日本人でさえそうなのだから、来日してから日も浅い外国人たちの不安は大きいのです。そこで一歩教室が主催してこの日、防災講座第一回を名古屋市北区内の東町交流センターで開きました。

ネパール出身の親子三人、ベトナム出身の親子三人が参加し、一歩教室の支援者や地域の防災委員、大学の先生、地域支援を勉強中の大学生などが、水害のニュースで用いられる「豪雨」「氾濫」「堤防」「避難」などの日本語の意味や、避難の方法、最低限必要な持ち出し荷物などを学びました。また一九五九年の伊勢湾台風で被災した経験のある教室の学習者の日本人女性は、水があふれた道を逃げるときのマンホールの恐ろしさなどを話し、外国ルーツの子どもたちは真剣に耳を傾けました。参加した母親の一人は「今日防災

第一回防災講座で、伊勢湾台風を経験した
学習者の話を聞くこどもたち

のために色々な事を教えて頂き本当にありがたいです。これから防災用バッグをしっかり準備しないといけないと思っています」と話しました。

笹山先生は、この防災教室も、外国ルーツの家族が地域活動に参加するもう一つの機会としてとらえ、「今日は初回にもかかわらず二十人近くが集まったけれど、定期的に開き、もっと参加者を増やしていきたい」と話しました。

話を聞いていた大人の学習者は、非常時の持ち出し荷物などへの関心が高く、講座が終わった後も講師役の地域の防災リーダーに質問を続ける姿が見られました。リーダーからは「一歩教室の外国の人たちは、非常時に地域の外国人たちのまとめ役になってくれるかもしれませんね」と期待する声が聞かれました。教室の学習者と地域住民との実践的交流が芽吹いたと感じさせる一日でした。

＊　＊　＊

二〇二三年九月二十四日、教室は第二回防災講座を開きました。七月九日に続き二回目。初回は学習者六人が参加。今回はネパール出身者七人、スリランカ出身二人の学習者計九人のほか、教室の支援者六人、地域の防災ボランティア一人。さらに、今回初めて名古屋市北区役所の防災担当職員二人の計十八人が参加しました。

学習者でネパール出身のJさんは二〇一五年四月二十五日に同国内で発生したマグニチュード八・一の巨大地震の被災者。当日は土曜日。当時十五歳で首都カトマンズからバスで約三時間離れたチトワンの親類の家におり、昼頃に揺れを感じました。住宅は古く多くが崩落し、室内で危険を感じたため、約一週間戸外で生活しました。大きな余震が何度も起こり、学校や企業、商店などは約一カ月間、閉鎖されました。道路も亀裂が入りどこにも行けず、余震と共に大雨が続いたといいます。

「家族はみな無事でよかったけれど、地震から二時間くらいは電話がつながらずみんな無事かどうか、本当に心配だった。家の中はいつ崩れるかわからず怖くて町の人はみんな外で寝泊まりしましたが、もう暑い時期。虫もたくさんおり余震と共に大雨もあり、本当につらかった」と話しました。子どもたちはJさんの話に驚きの声を上げたり質問したり

第二回防災講座は名古屋市北区役所の職員（左）も参加して行われました。

しながら、スクリーンに映される倒壊した市街の写真に見入っていました。

北区の職員は、テレビの災害情報の見方や防災マップを説明。避難情報ととるべき行動について話しました。また地域の防災ボランティアの女性は、阪神淡路大震災では室内の家具の下敷きになり多くの人が犠牲になったと話し、家具の倒壊を防ぐ方法などを解説しました。

三人の子どもと一緒に参加した母親が「私たちはいつも日本の方々のお世話になっています。こういうとき、日本の一人暮らしの高齢者の人たちはどうしますか。私たちも助ける手伝いをしたいです」と話すと、笹山代表は感嘆の声をあげ、地域の防災ボランティアの女性は「地域は高齢化が進んでおり、ボランティアに若い人が欲しい。ぜひ一緒にやりましょう」というやりとりもありました。

笹山代表は「最近は豪雨の被害がよくニュースになり、避難について関心が高いことがわかる。地域や行政とも密接に連携し今後も防災講座を続けたい」と話しました。

＊　＊　＊

二〇二四年一月一日、石川県能登地方にマグニチュード七・六、最大震度七の巨大地震が発生し、関連死を含め三百六十人が亡くなりました。この地域の特別養護老人ホームなどで働いていた外国人実習生も被災しました。アパートも職場も被災し、一時は通信も途絶えました。前年の防災教室で、ネパール出身のJさんの被災体験を聞いていた学習者は、改めて巨大地震の恐ろしさと発生した時の対処の難しさを実感したと思います。被災した自治体は、警報や避難指示、支援物資などのさまざまな情報の多言語化を実践できたのでしょうか。

一歩教室の学習者は改めて、自分の身は自分で守るという心構えの大切さを知ったと思いますし、教室でも防災教室をたびたび開き、学習者とその家族の安全を心掛けなければならないと痛感しました。

二〇二四年三月二十日、災害発生時に地域のどのような場所に避難すべきか、消火器や公衆トイレ、ＡＥＤ（自動体外式除細動器）などがどこにあるのかを街を歩いて確かめる防災訓練を実施しました。

地域の災害ボランティアから災害発生時の
避難場所の説明を受ける学習者

一歩教室の学習者、支援者のほか、北区社会福祉協議会職員、「なごやきた災害ボランティアネットワーク」から防災士の資格を持つボランティア、基幹相談支援センター、教室がある地区の区政協力委員など計二十五人が参加しました。

　いざというときにどこにどんなものがあるかや、避難場所の位置などを示した「行動マップ」を見ながら、「道路が冠水した時や液状化現象が起きた時は、マンホールには近づかない」「古いブロック塀は倒れて下敷きになる恐れがあるので離れて避難する」などの注意を聞きました。生後十カ月の乳児を連れてきたネパール出身の母親が「子どもを抱いて前方を注意しながら冠水した道路を避難するのは怖い」と話すと、ボランティアから「二メートルほどのヒモがあればおんぶできます。両手は常に何も持たない方が安全です」などと応じる場面もありました。

教室がある飯田学区の伊藤武夫・区政協力委員長は「外国ルーツのご家族と交流する機会はなかなかないのでこういう催しは貴重です。町会を通じて我々も情報を発信するので、お祭りなどへの参加も呼びかけたい。このようなイベントを通じて、顔の見える関係をつくっていきたいと思います」と話しました。

一歩教室の笹山先生は、「訓練そのものはもちろん大切ですが、外国ルーツの子どもらがこの場所で勉強をしているのだということを、もっと地域やご近所にアピールしたいとの思いがあります。今後も続け、関係を深めたい」と話しました。

「一歩の保健室」亀井克典先生のこと

二〇二四年三月十七日、BSフジテレビ午後五時から放送された「密着！　かかりつけ医たちの奮闘～第十二回　赤ひげ大賞受賞者～」で、一歩教室の「保健室」亀井克典先生が紹介されました。番組公式ページによると、「日本医師会　赤ひげ大賞」は、日本医師会と産経新聞社の主催により「地域の医療現場で長年にわたり、健康を中心に地域住民の生活を支えている医師にスポットを当てて顕彰すること」を目的として、平成二十四年に創設された賞です。当年度の六人の受賞者のうちの一人に選ばれました。

亀井先生はどのようにして一歩教室の保健室の役割を担ってくださったのか、笹山先生は次のように説明しました。

「最初に亀井先生の奥様が、ボランティアとして支援してくださるようになりました。そして教室の様子を帰宅してご主人の亀井先生にお話しされたところ、先生がたいへん関心をお持ちになったとうかがっています。そして二〇二二年七月に、先生が教室を見学にいらっしゃいました。私が教室の様子を説明し、子どもたちの健康を気遣う親御さんたちがいる。調子が思わしくなくても、なかなか医療機関につながることが難しい子どもたちもいると話しました」

亀井先生からは、診察など実際の医療行為はできないけれど、Ｗｅｂ会議システムを利用して相談を受けることはできるとのお話をいただきました。

こうして、医療通訳を交えてこれまでに三件、個人情報の取扱いに十分な配慮をしながら、学習者の親からの相談を受けました。

一例目は、言葉が出なくなってしまった学習者の子どもについて、発育に問題があるのではないか、療育が必要なのではないかと親が心配し、子どもとけんかになった例です。

夫婦喧嘩にも発展してしまったということで、相談を受けました。亀井先生はどこに相談に行けばよいのか、適切なアドバイスをしてくださいました。

「一歩教室の保健室」亀井克典先生（左端）

また、学習者の男子高校生が学校で受診した健康診断の結果、高血糖と診断され、それを親が心配したというケースもありました。心配する親に、子は大丈夫だと答え、それが学校をやめるやめないの話にまでなってしまいました。そして相談に来られ、亀井先生は高校の養護教諭に相談するようアドバイスをしました。その結果、血糖値はそれほど心配な値ではないことが判明し、一段落したという事例がありました。

笹山先生は「亀井先生が実践している地域に貢献する医療活動という理念と、私たちが一歩教室を続けることによって勉強をしたい人は誰でも手を差し伸べようという活動が合致した結果で、亀井先生の信念あってのご支援で本当にありがたいことです」と話しています。

第四章　全国の仲間と交流

公立夜間中学の早急な設置を！

二〇二二年十二月十八日、名古屋市内で「公立の夜間中学設立キックオフ集会」が開かれ、愛知県内に実態調査結果を踏まえた夜間中学の早急な設置を求めるアピールが採択されました。

主催した「愛知夜間中学を語る会」によると、民間の支援団体関係者、自治体関係者ら六十三人が会場に足を運び、Ｗｅｂ会議システムでも二十一人が全国から参加しました。「はじめの一歩教室」に通う外国籍の若者や学齢期に学習機会を得られなかった日本人高齢者の計三人が、学習機会の一層の充実を求めスピーチを行いました。彼らの日本語の自己紹介に拍手が起こりました。

「キックオフ集会」に地域の支援団体や
教育委員会関係者らが集まりました。

関本保孝さん（夜間中学と教育を語る会、元東京夜間中学校教員）は、全国の現状報告をしました。関本さんは「義務教育未修了者の声」として「障がいのため学校に行けず文字も読めず、二重の苦しみを背負っている」、「病院で受診科がわからない」「字が書けず我が子の出生届の手続きを自分ではできなかった」、「結婚後、中学を出ていないことがわかり離縁された」などの声を紹介しました。

笹山先生は「愛知県、名古屋市が先ごろ相次ぎ公立夜間中学の設置を発表したことを評価します。しかし日本語教育の機会を求める人びとの置かれた状況がいかに深刻かを調査・分析したかという疑問と、現場の声を把握しているかどうかの懸念が残ります。今後は十分な調査を実施し、その結果を踏まえ民間と連携し早急な夜間中学の設立を求めます」と話しました。

集会はアピール採択後、民間支援団体の横断的協議機関「公立夜間中学の設立を求める愛知連絡協議会」の設立も決めました。

先駆者としての札幌の夜間中学のこと

二〇二〇年の国勢調査の結果、義務教育を修了していない人が最も多い都道府県は北海道であることが判明しました。北海道で小学校を卒業していない人は四千百五十八人、最終卒業学校が小学校の人は五万四千二百八十六人、合計五万八千四百四十四人。第二位の愛知県のそれぞれ六千四百一人、三万六千六百七十一人、四万三千七十二人を大きく上回っています。

二〇二三年二月十九日、公立夜間中学の設置を求める愛知連絡協議会が主催したイベント「夜間中学のあしたを考える」で、北海道で早くから自主夜間中学の設立と運営にかかわってきた「札幌遠友塾自主夜間中学・北海道に夜間中学をつくる会」の工藤慶一さんのお話を聞く機会がありました。

なぜ北海道なのか。工藤さんによると、敗戦後、日本の支配下にあった満州（現在の中国東北部)、朝鮮半島や南方から引き揚げてきた人たち、また東京大空襲や全国の戦争被災者らが戦後の生活の新天地として北海道に移住しました。

しかし開拓生活は過酷で、移住した場所の近くに学校がなかったり、子どもたちも否応なく働かざるを得なかったりする厳しい事情がありました。北海道で特に厳しかった敗戦後の貧困と混乱が、子どもたちから学習機会を奪ったのです。このような事情が全国一、未修了者が多い結果を生んだと工藤さんは話しました。

障がい者への配慮があれば学校に通うことができたはずの高齢者の事例も紹介されました。

一九六〇年代から北海道を中心に流行した小児麻痺(ポリオ)にかかり、体が不自由になったことが理由で小学校、中学校の通学をあきらめた人たちもいた、と工藤さんは話し、「北海道の事例から推測して、愛知県で公立夜間中学が始まったら、きっと、車椅子を使う生徒があらわれるのではないだろうか。そのため、二、三階に教室を設けるなら必ずエレベーターが必要だし、多目的トイレは不可欠だ。最初にこういう施設をつくっておくことで、施設の受け入れ態勢が不十分なため入学を認められないなどというケースを防ぐことができる。行政はそういう配慮を忘れないでほしい」と訴えました。

工藤さんら支援者は、自主夜間中学・遠友塾を一九九〇年、札幌市民会館を会場にして設立しました。通いたいと望む人が集まりました。しかし二〇〇七年、会場にしていた市民会館の耐震性能が不十分なため取り壊しが決まり、教室の場所を確保する必要に迫られました。

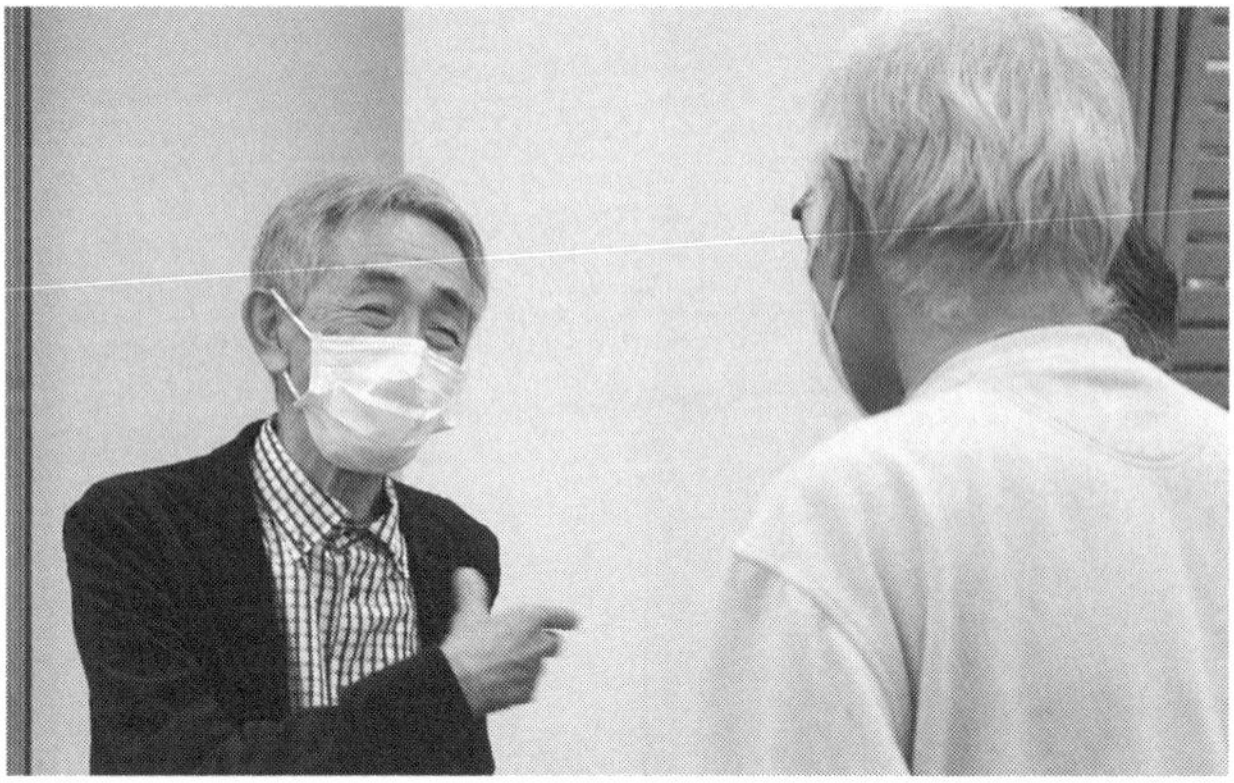

札幌市の公立夜間中学設置に関わった工藤慶一さん（左）は「学ぶ場という人生最大のプレゼントをなんとか贈りたい」と話しました。

教室の場所の確保のために市に陳情を繰り返すなかで、教える場である遠友塾とは違う組織の必要性が生まれ、「北海道に夜間中学をつくる会」を同年五月に設立しました。

この陳情の中で、「公立夜間中学の設置」を初めて要望しました。それは、帰国した中国残留孤児の教育に携わる教師の授業を見学し、日本語を教えるためには中国語の知識が必要だとして中国語まで学習する教員の姿勢に驚き、十分な専門性とカリキュラムが必要であることを痛感したからです。外国語しかわからない学習者に日本語や小中学校の教科を教えるためには、体系的なカリキュラムと専門性のある教員が必要です。時間も限られ専門性も担保できないボランティアが教える教室だけでは（もちろん強く求められていることに変わりはないのですが）限界があることに思い至りました。こうして「つくる会」は教室の確保と公立夜間中学の設置という二項目を要望書に記すことになったといいます。

この要望が札幌市議会と道議会を動かし、両議会から国へ「義務教育等学習機会の充実に関する法整備を求める意見書」が二〇一二年、全国で初めて採択されました。

さらに、小中学校を卒業していない人が全国に何人いるのかを正確に把握するため、国勢調査の質問項目の設問の書き方を改善するよう求める意見書も二〇一四年、両議会で採択されました。

工藤さんは、さまざまな理由により学齢期に学ぶ機会が得られなかった高齢者について、「年齢的に残された時間はあまりないので、学ぶ場という人生最大のプレゼントをなんとか贈りたい」と記しています（「自主夜間中学の実践からみた日本語リテラシーの課題について」『基礎教育保障学研究第六号二〇二二・〇八』七七頁）。

「あってはならない、でもなくてはならない学校」について学ぶ

二〇二三年十二月三日、名古屋市東区の県女性総合センター（ウィルあいち）で、「緊急シンポ　どうなる愛知県及び名古屋市の公立夜間中学」が開かれました。戦後の混乱、貧困などにより義務教育を修了できなかった高齢者を中心としたかつての夜間中学の社会的役割は、地域の国際化や格差の拡大などにより激増する外国籍または外国にルーツのある生徒、既存の中学校で生きづらさを感じる不登校の子どもたちも視野に入れた多様な生徒の学びの場としての新たな役割を期待されており、二〇二五年春開校予定の県立、市立夜間中学の役割、要望などについて識者らが意見交換しました。市民や学生、支援ボランティア、研究者ら会場とＷｅｂ会議システムを通じ計約百人が参加しました。

公立夜間中学の設立を求める愛知連絡協議会主催。ＮＰＯ法人参画プラネット共済。国際協力機構後援。名古屋市立夜間中学の設置に関する有識者等会議座長で、基礎教育保障学会会長の岡田敏之氏、香川県三豊市立高瀬中学校夜間学級教諭で岡山自主夜間中学校代表の城之内庸仁氏、三重県四日市市立内部中学校教諭の藤川純子氏らが出席しました。

岡田氏は従来の学校教育が均質な生徒を前提として画一化、効率化を志向し同調圧力を

求める傾向があるなかで、競争を求めず生徒の多様性を前提にしたこれからの夜間中学の教育のありようが昼間の学校にも好影響を与えることを期待したいと述べました。

城之内氏は、夜間中学は「あってはならない学校。でもなくてはならない学校」だと指摘。昼間の学校の制度やルールが現実の社会的変化に柔軟に対応できない「一斉性」をもつため、そこからこぼれ落ちてしまう子どもたちの受け皿としてなくてはならない場として夜間中学がとらえられている現状を指摘しました。そして本来は誰も取り残さないインクルーシヴであるべき学校教育の硬直性のゆえに夜間中学がそれを従属的に補完するための「あってはならない、でもなくてはならない学校」になっていると話しました。

藤川氏は現在の中学校は不登校の事例が極めて多く「昼間の中学校の担任をしているがクラスに不登校の子が二人おり、四月から今（十二月）まで計三十八回家庭訪問をしました。ようやく少しずつ登校するようになりました」と経験を紹介し、「学校は効率化を求めてきたが、その結果、このような『不効率』を招いているのではないでしょうか。生徒が登校したいと思う学校であったなら、こんなことは起こらないはずです」と話しました。

さらに「人・もの・カネがない中で多様性を認める柔軟な運営を公立夜間中学に期待するのは容易ではない。会場のみなさんから『こんなことほんとうにできるのか』という率直な質問をいただきたい」と城之内氏が呼びかける場面もありました。コーディネーターの笹山先生は「私たちのような民間の取り組み、活動の知見をこれから始まる公立夜間中学校が活用してほしい」と述べました。

教育機会確保法は夜間中学について、公立と民間の連携を促しています。シンポジウムは厳しい運営を迫られる公立学校に義務教育を丸投げし批判するのでなく、地域との対等な連携により子どもたちの学習の場を支える新たな体制の必要性を再確認する機会となりました。

公立夜間中学の授業とは　模擬授業を体験

二〇二四年四月二十七日。「愛知夜間中学を語る会」は、同市内で、「夜間中学の模擬授業体験　わたしの学び」（名古屋市国際交流課など後援）を開きました。

来春に愛知県、名古屋市が初の公立夜間中学を開設するのを前に、先行する夜間中学の現役教員の模擬授業を一歩教室の学習者に体験してもらう初の試みがありました。会場には現役教員や教育委員会職員らのほか研究者、支援団体の関係者、学生ら七十五人が参加しました。一歩教室に通う八十代女性のMさんのほか、スリランカ、ウガンダ、韓国、フィリピン、ネパールから七人が出席しました。学習者は隣に座った大学生のサポートを受けながら先生の模擬授業を受けました。

最初に元東京都内の夜間中学校日本語学級（日本語）教諭の関本保孝さんが、日本語の知識が全くない学習者を想定し、あいさつやひらがなの発音や読みをフルーツバスケットに模したゲームを通じて学ぶ授業を行いました。

二限目は、公立中学校教員で岡山自主夜間中学校代表の城之内庸仁さんが、金子みすゞの詩を題材に「夜間中学の道徳授業」を紹介しました。得意なこと、苦手なことを聞かれた学習者は、「英語とバドミントンが好き」「料理が好きだけど歌うのは苦手」などと答えました。得意なこと、苦手なことがそれぞれ違う人びとがいることが「みんなちがって、みんないい」という詩につながることを話し、お互いを尊重し合う世の中になっているだろうかと問いかけました。

三限目は三重県の公立中学校教員の藤川純子さんの「キャリア教育」の授業。どんな仕事をしたいかを学習者に聞きました。そして未来の自分のイメージを実現するために今、必要なことは何かと問いかけました。中学生になりたいですかと問われた高齢女性は「今まで本を読むことができなかったのを、一歩教室に通って本を読めるようになり、泣いたりして過ごすことができるようになりました」と答えると、藤川さんは「よかった。夢を少しかなえることができましたね」と話しました。

学習者からは「一方的な授業でなく、同年代の話をきけてよかった」「わからないことをわからないということが大事だと思った」などの感想が聞かれました。支援者に支えられて学習者が学ぶ様子を机の脇まで近づいて見守る出席者の姿が見られました。

名古屋市立夜間中学の設置に関する有識者等会議座長を務めた基礎教育保障学会会長の岡田敏之さんは締めくくりに発言し、「公立夜間中学が増え続けているが、必ずしも生徒が主役といえる学校ばかりではない状況がある。日本語の能力や障害の有無にかかわらず学びたいと願うすべての人の希望をかなえられる夜間中学になってほしい。道徳の授業にあったように、一人一人を大切にする、生徒が主役の教育が実現するように、そして公立

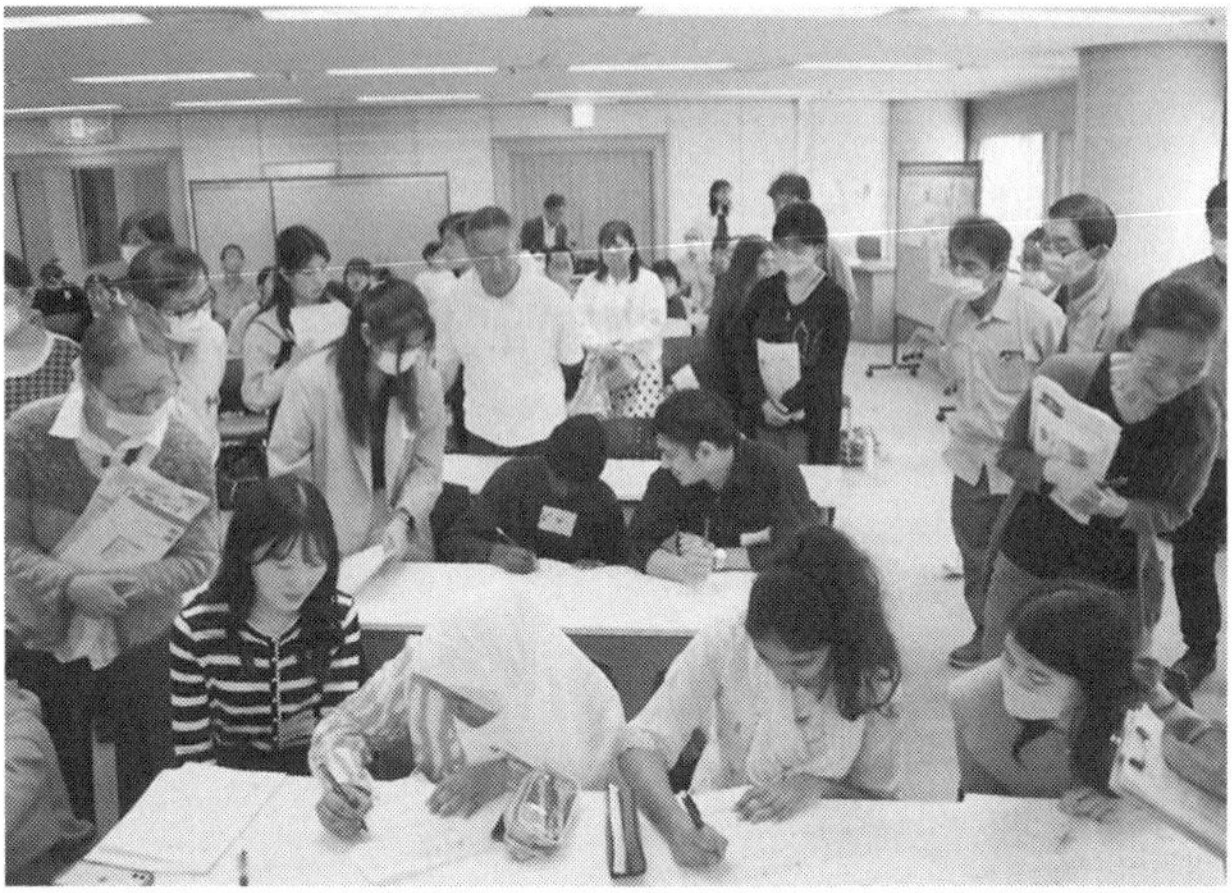

夜間中学の模擬授業体験をする学習者たち。

ができたとしても一歩教室のような自主夜間中学は必要でありお互いに切磋琢磨する関係であってほしい」と結びました。

子どもの貧困について講師を招き勉強会を開催

二〇二四年五月十二日、はじめの一歩教室は、名古屋市北区の「草の根教室」で、支援者向けの勉強会「子どもの貧困学習会」を開きました。講師は元中学校、元高等学校教諭の小島俊樹さん。教室の支援者、協力関係にある一般社団法人「草の根ささえあいプロジェクト」メンバーのほか、現役の高校教員ら九人が出席しました。

約四十年前、大阪・西成地区で中学校教員だった小島さんは、中学校の生徒にとって貧困とは第一に「暴力」に囲まれた環境となってあらわれたと話しました。家庭訪問時に親が教員に向かい「先生が殴らないから子どもが暴れるのだ」と、教員の面前で子ども＝生徒を殴ったという自らの経験を話しました。

そのうえで、現代の日本の貧困の深刻な問題は、世帯収入が際立って低い母子家庭の問題だと指摘しました。さらに小島さんは、「虐待は、身体的暴力の行使がよく知られるが、実は最も多いのは心理的虐待である」と話し、「例えば、兄弟姉妹、家族が暴力を受けるのを日常的に見せられるのが心理的虐待だ。これはトラウマとなって子どもの心から消えにくい。このトラウマによってこどもはごく普通の人間関係を築くことが困難となり、やがて人生をだめにしてしまう恐ろしさがある」と続けました。

貧困を背景の一つとして学力低下、不登校、親の発病、ヤングケアラーなどのさまざまな問題が生じています。

こうした負の連鎖から子どもを救い出すために、行政、地域社会はさまざまな対策を講じていますが、解決に結びつく糸口を見つけるのは容易ではありません。

新しい一歩教室で研修を受ける一歩教室の支援者ら

一歩教室の外の動き

「全夜中研」の活動と「教育機会確保法」まで

一九五〇年代から教員や支援者によって活動を続けてきた「全国夜間中学校研究会」をはじめ、関係者の努力、活動、陳情を受け、二〇一四年四月、国会に超党派の「夜間中学等義務教育拡充議員連盟」が設立されました。

こうした動きを経て文部科学省幹部らは東京、埼玉、北海道など全国の夜間中学に足を運び現場で関係者の声に耳を傾けました。二〇一六年九月、前川喜平文部科学事務次官が札幌の遠友塾を視察しました。三カ月後に教育機会確保法が成立しました。

一方、一九九〇年以降、不足する一方の労働力を補うためにさまざまな名目を設けて外国人を日本で働かせるような仕組みが動き出しました。そして親と一緒に来日した学齢期の子どもたち、また日本で生まれ育ちはしても言葉の習得に支障のある子どもたちが増え始めました。孤立やいじめなどをきっかけに小学校、中学校に通えなくなった不登校の子どもたちも増え始めました。形式的に卒業証書はもらったけれど、教科の内容を理解できていない子どもたちも増えました。

こうした外国にルーツのある子どもたちや、学び直しのきっかけを失った中高年齢の日本人、そして不登校の子どもたちが増え続ける事態に対処しなければなりません。このような事態に、これまで多くの民間のフリースクールや自主夜間中学などの民間支援団体が活動を続けてきました。公立の学び直しの組織としての「公立夜間中学」は全国的規模では事実上、整備されてこなかったのです。

この課題に対処するため行政は何をしてきたのでしょうか。前出の前川氏はこの当時、初等中等教育行政の中枢にいました。前川氏はこの間の事情について、二〇二一年三月、ある政党のオンライン勉強会「夜間中学を理解する集い」で、「文部科学省は夜間中学に対して冷淡だったが、二〇一四年に超党派の国会議員による『夜間中学等義務教育拡充議員連盟』が発足し、当時担当の初等中等局長であった私は文科省の政策を百八十度転換することができた。二〇一六年に成立した『教育機会確保法』は義務教育における『学びの場』『年齢』『国籍』のしばりを広げようとする内容だ」と説明しました。

二〇二一年一月二十五日、菅義偉総理大臣は衆議院予算委員会で「今後五年間で全ての都道府県・指定都市に夜間中学が少なくとも一つ設置される。このことを目指し、全国知事会や指定都市市長会の協力を得て、取り組んでいきたい」と発言しました。

その直後、文部科学省は都道府県と政令指定都市の教育長宛て二〇二一年二月十六日付「夜間中学の設置・充実に向けた取組の一層の推進について（依頼）」で、「夜間中学は、義務教育を修了しないまま学齢期を経過した者や、不登校などさまざまな事情により教育を受けられないまま中学校を卒業した者、本国や我が国において十分に義務教育を受けられなかった外国籍の者等の教育を受ける機会を実質的に保障するための重要な役割を果たしています」と記しました。

さらに二〇二二年六月一日、同省は同じ名前の文書「夜間中学の設置・充実に向けた取組の一層の推進について（依頼）」の中で、同年五月二十七日に公表された二〇二〇年国勢調査の結果の中で、同年十月時点で、未就学者（小学校を卒業していない人）は約九万四千人、最終卒業学校が小学校の者は約八十万四千人（今回初めて調査）であることが明らかになったと書きました。

国から地方自治体への従来からの夜間中学設置の要請は、この「初めて明らかになった」結果を受け、「夜間中学がますます重要な役割を果たし、その期待も高まってくると考えます」と一段とトーンを上げたのです。

公立・自主夜間中学への支援を国会議員らに訴えるシンポジウム開催

二〇二四年七月六日、研修交流会「夜間中学を増やそう、充実させよう！　シンポジウム　イン　愛知」が、名古屋市東区のウィルあいちで開かれました。自主夜間中学の在校生や公立夜間中学の卒業生、「夜間中学等義務教育拡充議員連盟」メンバーなど超党派の衆参議院議員、県議会、市議会議員、文部科学省、愛知県・名古屋市教育委員会、学校関係者、研究者、ボランティアら約百人が参加し、夜間中学の現状の報告、民間支援団体との連携強化への支援などを訴えました。

全国夜間中学校研究会・同議員連盟主催。愛知夜間中学を語る会（自主夜間中学「はじめの一歩教室」）後援。守口市立さつき学園夜間学級の卒業生Tさんは五歳のとき両親が離婚。一緒に生活していた母親が病気になり小学校四年からヤングケアラーになった。以後八年間、十代のほとんどを家事と看病に明け暮れたと自己紹介しました。希望のみえない日々を送っていた十五歳のとき、偶然に「夜間中学生募集」というポスターが目に入りました。母は「夜間中学、いかなあかんなあ」とぽつりと話したといいます。三年後、夜間中学に入学するその十日前、母は亡くなりました。

学校に通い始め、将来に少し光が差した気がしました。戦争を体験した人、貧困の中で生きてきた人など年上の人がたくさんいました。「私だけじゃないんだと思いました。学校があり、教室があり、先生がいて、友達がいるということが、どれほどすばらしいことか。小学校でびくびくしてばかりいた私を、教室の明るさが力づけてくれました。みなさん、ぜひ、夜間中学を応援してください」と訴えました。議員を含め会場から大きな拍手が起こりました。

「はじめの一歩教室」に通うWさんは、親に連れられ中国と日本との往来をし、「親の手伝いをしてきたが、日本の夜間中学で勉強したい。将来は高校や大学にも行って、生物の研究をしてみたい」と話しました。

週三回の人工透析を続けるため週五日の授業がある公立夜間中学は無理、自主夜間中学で学びたいから自主夜中への支援もしてほしいという男性の希望。昼の中学校の不登校の後、夜間中学に通い始めて初めて勉強の楽しさを知り、授業を終え八十代の同級生と帰りのバスでおしゃべりする楽しさ、喜びを語った女性。特別支援学級卒業では定時制高校への出願はできないと断られた挫折を紹介した夜間中学の男性もいました。

一歩教室では聞くことの難しいさまざまな境遇の生徒・卒業生の話がありました。ひらがなしか知らずに六十八歳まで生きてきたUさん（七〇）は、「貧しかったから小学校に二年しか通っていません。中学で先生からお前は来るなといわれました。二カ月通っただけで、ある日、家の扉に卒業証書がはさまっていました。卒業したら仕事が待っている。仕事には文字が必要です。ひらがなしか書けん人間がどれほど苦労をしてきたか。夜間中学の先生に『読むことも書くこともできん人間でも入れますか』と泣きながら聞きました」と話しました。「先生は、入学できますよ、と答えてくれました。これが、学校なのです。来るなというのは学校ではありません。どうか夜間中学をどんどん増やしてください。そして気持ちよく入学できる人をどんどん増やしてください」と訴えました。

岡山自主夜間中学の城之内庸仁さんは、「自主夜間中学はボランティアの情熱で運営されている。教育機会確保法の見直しなどの機会をとらえ、どうか民間の支援団体への支援を明文化してほしい」と国会議員に訴えました。

参加者は、同法に定める夜間中学運営にかかわる「協議会」への学習支援団体の参加の促進、就学支援制度の拡充、養護教員やスクールカウンセラーなどスタッフの充実、給食の無償提供、困窮家庭への支援などを求める要望書を、議連の丹羽秀樹会長に手渡しました。

シンポジウムの運営には関西地方の夜間中学関係者のほか、一歩教室の支援者も多くかかわりました。笹山先生は「国会議員の先生方に、公立夜間中学の増設と充実、財政支援の働きかけを求める機会になった」とシンポジウムの意義を強調しました。

自主夜間中学の全国交流集会を開き公立夜間中学との連携を考える

二〇二四年八月二十四、二十五日、「第四十三回夜間中学増設運動全国交流集会IN名古屋『自主夜中と公立夜中の連携をどう築くか』～学習者の声によりそって～」が、名古屋市東区の「ウィルあいち」で開かれました。「愛知夜間中学を語る会」は集会の準備・運営を担いました。

公立夜間中学は、二〇二四年四月現在で全国に五十三校が開設され、さらに二五年中に九校、二六年中に三校が増設される見込み。これに伴い、地域で活動を続けてきた自主夜間中学など民間の支援組織と、設立された公立夜間中学との間の連携の在り方が全国で検討すべき課題として浮上しています。集会はこの問題を検討する場で、北海道から九州まで両日で約百九十人の関係者が集まり活発な意見交換が行われました。また学習者、卒業生の代表も出席し、夜間中学で学び友達ができたことでこれからの人生に希望が生まれた、あるいは七十代の男子中学生から、より豊かな生活を送れるようになったとの発表もありました。

公立と自主との連携については、教育機会確保法第三条五に、教育機会の確保等に関する施策については「国、地方公共団体、教育機会の確保等に関する活動を行う民間の団体その他の関係者の相互の密接な連携の下に行われるようにすること」とされています。ただの連携ではありません。「密接な」連携です。実際、集会では、札幌市の事例が紹介され、民間の「夜間中学をつくる会」が「遠友塾」自主夜間中学の活動を展開しながら市議会、市教委などと意見交換しつつ、設置基本計画を作り、設立後も良好な関係を維持している事例が紹介されました。一方、千葉県松戸市や相模原市では、市教委が地域の自主夜間中学との連携に消極的または否定的だとする発表もありました。

地域によって民間と教育委員会との関係に温度差がある背景について、フロアからさまざまな意見が出されました。

公立中学の開校までは協議の場があっても、開校後は連携の機会を与えられない、または「教育委員会を通してほしい」と直接の交流を阻まれる事例などが紹介されました。

こうした「密接な連携」の欠如は、結局は生徒の学習環境の劣化につながっていきます。岡山自主夜間中学校の城之内庸仁さんは「人に授業を見られたくない先生や、（外に対して）『閉じた学校』を作りたい、自主夜中を『やっかいなところ』ととらえる傾向はある」

としながら、教育委員会と敵対的な関係になってしまっては連携を図ることはできないと指摘しました。

昼間の学校で不登校になり「形式卒業」した学習者や、家庭の事情で通学がかなわなかった学習者が、ここなら勉強できそうだと希望を持って入学してくる公立夜間中学のありかたについて、参加していた元文部科学事務次官の前川喜平・現代教育行政研究会代表は、「せっかく希望を持って入ってきた生徒たちの望みに応えられない夜間中学が増えているのが心配だ」とし、硬直的な対応を続ける教育委員会については「夜間中学をつくり充実させていくという国の方針があるにもかかわらず、このやり方では生徒がいなくなり、学校がなくなってしまうのではないかという危機感を持ってもらうよう働きかけることも大事だ」と話しました。

公立夜間中学との密接な連携関係をつくるためにも、自主夜間中学側に常設の全国組織をつくる必要があるのではないかとの問題提起があり、集会で概ね賛同を得ました。詳細については今後検討を進める方針が承認されました。

＊　＊　＊

公立夜間中学設置の動きが勢いづいた大きな理由は、教育機会確保法の成立です。基本理念は次の通りです。

教育機会確保法（平成二十八年十二月十四日公布、令和五年四月一日施行）

（基本理念）

第三条　教育機会の確保等に関する施策は、次に掲げる事項を基本理念として行われなければならない。

一　全ての児童生徒が豊かな学校生活を送り、安心して教育を受けられるよう、学校における環境の確保が図られるようにすること。

二　不登校児童生徒が行う多様な学習活動の実情を踏まえ、個々の不登校児童生徒の状況に応じた必要な支援が行われるようにすること。

三　不登校児童生徒が安心して教育を十分に受けられるよう、学校における環境の整備が図られるようにすること。

四　義務教育の段階における普通教育に相当する教育を十分に受けていない者の意思を十分に尊重しつつ、その年齢又は国籍その他の置かれている事情にかかわりなく、その能力に応じた教育を受ける機会が確保されるようにするとともに、その者が、その教育を通じて、社会において自立的に生きる基礎を培い、豊かな人生を送ることができるよう、その教育水準の維持向上が図られるようにすること。

五　国、地方公共団体、教育機会の確保等に関する活動を行う民間の団体その他の関係者の相互の密接な連携の下に行われるようにすること。

支援ボランティアの勉強会を開催

二〇二四年九月二十二日、外国ルーツの生徒の高校進学を応援するボランティア向けの勉強会「今こそ知っておきたい高校入試と在留資格のはなし」が、名古屋市中区の「なごや人権啓発センター　ソレイユプラザなごや」で開かれ、ボランティアら約六十人が参加しました。

「愛知夜間中学を語る会」と「定時制通信制父母の会」（永野千津代表）の共催。第一部は定時制高校教諭で外国人生徒の支援に関わる県立高等学校教職員組合執行委員長の堀直予（藤川直予）さんが、「愛知県の公立高校再編を含む入試制度概要」について、また第二部では法テラス愛知法律事務所所属の河野優子弁護士が、「子どもの将来設計と在留資格」について、それぞれ日々の実務の中で関わる生徒の進路決定や在留資格変更などの実務的・具体的な解説をしました。

愛知県内の高校入試制度は不登校生、外国ルーツの生徒の受検者数の増加などの現状を受け、従来よりも複雑になっています。全日制、定時制、スクーリングとレポート提出を伴う通信制制度など個々の生徒の事情に合わせた学校選びが可能になりつつあると堀さんは指摘しつつ、「学校の現場ではバタバタしている現状があるが、入学後の支援はやる気になっている気がする」と話しました。さらに今年度から始まったWEB出願システムによる受検手続の使いづらさが多く指摘されたことを受け、早めにシステムが使え、県教育委員会高等学校教育課での事前確認も随時行われるようになる見込みとの情報も明らかにされました。ただし外国で義務教育課程を終え愛知県の公立高を直接受検するダイレクト受検生のWEB出願手続きについては、支援者の力に頼らざるを得ない事情は変わらないだろうとの見通しが示されました。

「家族滞在」の在留資格で高校に通う生徒はそのままでは週二十八時間以上働くことができません。より多く働きたい場合、在留資格の変更が必要です。その場合、少なくとも高校を卒業し、企業の採用内定を得なければなりません。そしてもちろん、仕事をするうえで基礎となる日本語運用能力が必要です。河野弁護士の説明によれば、内定した就職先で働き始めることで在留資格は「特定活動」となりますが、扶養者（親の場合がほとんど）が日本に在留しているとの条件で、五年後に「定住者」資格を得ることができます。しかし就職先がブラック企業だったなどの理由で就労期間が五年に満たずメンタルをやられ働けなくなるような場合、在留資格を失う可能性があるとの説明がありました。

会場からは「支援している生徒の中には高校中退の例もある。彼らはどう生きていけばよいのでしょうか」との質問もありました。河野弁護士は、近年、関係団体のロビー活動の努力もあり、いわゆる「告示外」ルールの弾力的運用がみられるようになってきてはいるが、十分とはいえないと指摘しました。

笹山代表は質問に関連し「定時制高校で勤務していると、ポロポロとこぼれ落ちていく（中退する）生徒がいる。その結果、彼らはフルタイムで働くことができず自己実現が困難となる。そういう子たちに、やればできるのだという自己肯定感をもってほしい。その学び直しの場としての公立夜間中学が不可欠だと訴える活動をしてきました」と話しました。会場では熱心にノートを取ったり資料に書き込みをする姿が多く見られました。

第五章　「なぜ私は一歩をつくったか」笹山悦子先生インタビュー

一歩教室の代表、笹山悦子先生は一九五八年、東京都生まれ。愛知県立高校の国語教諭を長く勤めました。一歩教室の開設と運営は、笹山先生のエネルギーに触れ、共鳴した支援者によって成り立っています。そのエネルギーの源を知るには、笹山先生のこれまでを知らなければなりません。インタビューをして振り返ってもらいました。

――なぜ教員になろうと思ったのですか。

通っていた中学（東京都東村山市立東村山第一中学校）の社会科教諭の根岸先生に刺激を受けました。当時五十代後半くらい、眼鏡、小太り、父と同年齢でした。

「現象には必ず原因がある、だから現象だけにとらわれるな」。そういう教え方をしてくれました。年表の丸暗記ではありませんでした。あの当時、七〇年代の中学の先生は戦争経験者が多かった。戦争の話は特にされなかったけれど、言葉の背後にそういう重

一歩教室を主宰する笹山悦子先生

いものがあることを感じさせる先生でした。根岸先生の影響を受けて、先生になりたいと思い始めました。

――目指したのは、社会科の先生だったのですね。

一九七三年、東京都立府中高校に進学しました。学校の向かいに府中刑務所がありました。好きな教科はもちろん、根岸先生の影響で社会科でした。

担任は国語科の藤本先生。当時四十歳手前くらい。生徒の発言を尊重する、人気のある先生でした。

受験シーズンの最中、卒業式の退場の曲に映画『青春の蹉跌』（一九七四年封切、萩原健一主演）のテーマ曲を使おうとみんなで決めました。集会でそう発表すると、その場にいた先生三人のうちの一人が「おまえら蹉跌の意味、わかってるのか」と怒り反対。しかし私たちは先生が怒っている理由が全然わからず、「べつにいいじゃん」と結局、押し通してしまいました。

面倒くさい先生はいたけれど、生徒の総意で決めたことを教員がひっくり返すようなことはしない、リベラルな学校だったと思います（「蹉跌」はものごとがうまくいかずつまずくこと）。

よく覚えているのは、高校の日本史の資料集の中にあった室町時代の（兵庫県）矢野の庄の一揆をめぐる、「耳を切られ鼻を切られひどい目にあいました」という直訴状の内容。その悲惨さに驚きました。これをぜひ、原文で読みたいと思ったのです。大学で日本史を学び、このような古文書を読もうと決めました。


――それなのに、国語の先生になられた。


当時、父が名古屋に赴任していました。家族はそれについて行きました。府中高校の生徒だった私だけ東京に残り、親類の家に間借りして高校に通っていました。大学は名古屋にしなさいと家族にいわれていました。そこで調べてみると、古文書の研究ができる愛知大学があったというわけです。こうして大学入学とともに初めて名古屋に移り住んだのです。

大学では、社会科と国語の教員免許に必要な講義を受講しました。しかし希望はあくまで社会科の先生でした。

ある愛知県立高校で教育実習をすることになりました。けれど学校は「社会科はアカだからダメ」という無茶苦茶な理屈を並べられ、国語科しか実習をさせてもらえなかったのです。そういうわけで、いわば成り行きで国語の教師になりました。

一九八〇年、教員になりました。最初に勤務したのは地域の進学校です。生徒は優秀でいい子たちだったけれど、なんというか、本心を見せないような感じ。先生方も皆さん優秀。生徒も優秀。だから私はすごく大変でした。そこで負い目を感じたのです。国語は私の専門外だったから。

五年ほど勤務しました。そこで私は、自分が教員としてやりたいことは、進学校で優秀な生徒を教えるよりも、自分が、いわば下からはい上がってきた人間だから、成績が下位の子が取りこぼされないような授業をしたい、ということなのだとわかりました。まあとにかく、実力不足でアップアップアップしていたのです。


――外国ルーツの生徒たちとの出会いはどうだったのでしょう。

一九八五年に結婚しました。別の県立高校に異動しました。長男が生まれて通勤がしんどくなり、通信制の高校に異動希望を出しました。これが一九八七年です。

外国にルーツのある生徒との交流はこの学校からです。通信制で、中国帰国子女二世のTさん（二十代女性）を知りました。日本語がわからないことの難しさ。ほかにも病弱、不登校などの就学困難者と向き合うことになりました。十年、働きました。次に十年以上勤務した高校では、外国ルーツの生徒との交流はありませんでした。

二〇一一年に定時制の高校に異動しました。そこで「あの子たち（外国にルーツのある子たち）と一緒に学べる」と思ったのです。それは、人としてのあり方をあの子たちから教わることができる、という意味です。こんな人生があるのだということを「知ってしまった者の責任」を感じたのです。彼らには支えが必要なのだということを、現場にいる人がもっともっと、声を上げるべきだと思ったのです。

その定時制高校勤務の2年目に入学してきた生徒、N君はフィリピンルーツの十五歳でした。荒れていました。卒業した中学の先生からは「ボクシングなどスポーツに才能がある」との申し送りがありました。校外でワルとつきあっていました。家庭はネグレクト。孤独な様子でした。中学の先生のサポートがあって、日本語の会話はよくできました。けれど読み書きができない。チンピラの手先みたいなことをするようになり、警察からも通報がありました。そのうちにいなくなってしまったのです。どこでどうしているのか、今も気になっています。

＊　＊　＊

学校の中だけでなく、教師だけでなく、地域の人びとや卒業生などが一緒になって外国にルーツのある生徒が学ぶ環境を整えていくことの大切さを、笹山先生は痛感したといいます。

教員とは異なる「語学支援員」という立場の支援者が、「授業の補佐だけでなく、日本語が通じない保護者とのやり取りや生徒の不安に寄り添っていただくといった繊細な仕事をお願いすることが多く、担任が拾えない友人関係の悩みや心の問題について、指導上重要な情報をいただけるため大変助かっています」。笹山先生は日常的に外国ルーツの生徒たちと接する実践者の立場からこのように報告しています（小島祥美編著『Q＆Aでわかる外国につながる子どもの就学支援』（明石書店、二〇二一年、一三九頁）。

そして続けます。「昨年からネパール国籍の卒業生が、ネパールのみならず、フィリピン・スリランカ・パキスタンなど英語圏生徒の支援に関わってくれるようになりました。自身が受けてきた支援を後輩につなげる仕事に、一生懸命取り組んでくれています。身近なモデルケースが生徒のモチベーションを高めることにもなって、貴重なモデルになっています」。

年齢が近い同じ立場だった卒業生が身近にいて話を聞いてくれる。そして体験を話してくれ、アドバイスをしてくれる。彼らの言葉は、日本人の教師からの言葉とは違った影響力をもつ。努力すれば「あんなふうに僕も／私もなれるのだ」というモチベーションが生まれ、学習意欲に結び付くのです。

二〇二四年三月十四日付の一歩教室のメールマガジンで、笹山先生は三月九日の教室の様子を次のように説明しています。

「進学が決まっていても自分の勉強に頑張る子たちがいつものように漢字を覚えたり英語の問題集や数学の問題集に取り組んだりしていました。M君、N君たち中国ルーツの子たちも自分たちで算数や数学の問題集に取り組んでいましたよ！　これはとても驚きでしたが、M君がN君の勉強のお世話をしていたのです。M君は午後の後半からやってきたWさんと支援者のAさんとの会話に入り込んで何やら支援活動（?）もしていました。ここを居場所としてつながってくれるようになった子たちが次に来る人たちのために力を貸してくれるようになって、本当に教室が持つ引力ってすごい、と実感しました。M君がその昔、不登校生だったなんて誰が想像できるでしょうか。毎回彼の成長を楽しみにしています」

実際、このような事例はしばしばみられるようになってきました。高校に合格した子どもたちが教室にやってきて、学習者の話し相手になってくれる。学習者が支援者となって教室の次の世代にバトンタッチされていく。そういう連鎖が生まれています。ですがそうなるまでにはまだいくつかの峠を越えなければなりませんでした。

いよいよ、一歩教室をつくる決断が生まれます。二〇二〇年五月。外国ルーツの子たちと身近で接してきた笹山先生は、本格的に日本語支援をしようと決意しました。定時制でできないことを、より細かく学校の外でできないだろうか。それまでに研究会などで交流のあった大学の研究者、小中学校教員ら全部で五人（本田、桐山、上村、松本、笹山）で活動を始めようと決めました。はじめの一歩教室の始まりです。

＊　＊　＊

笹山先生の実母は一九四五年初め、東京・浅草で暮らしていました。三月十日の東京大空襲の直前、茨城県内の親類を頼って疎開しました。小学校四年生でした。しかしたくさんの子どもを抱え込むことになった親類は母に厳しく、学校に通わせることもなく、自分たちの子どもの世話をさせ続けました。母は結局、小学校を卒業することができなかった――。母はそう話したといいます。今でいうヤングケアラーです。

後年、母は施設に入り、一歩教室の開設直前に亡くなりました。一歩教室を始めるという計画を娘から聞いたとき、母は娘に、「あなたは、私の、誇りだよ」といってくれた。

笹山先生はそう話しました。

教室が始まりました。しかし何もかも手探りです。メンバーで地域、行政の協力を仰ぎ、情報を収集しながら一人、また一人と学習者が増えていきました。自主夜間中学を運営する全国の団体とも連絡し、ネットワークが広がりました。

やがて、地元の中学校から「外国から転入してきた子どもがいるのだけれど、日本語がわからない。サポートしてくれませんか」などの相談が入るようになりました。そして出身国ごとの家族同士の口コミをもとに、来日したばかりの子や、かなり前に日本に来ていたが言葉がわからず、またさまざまな理由で学校に通わず、家に一人でいた子などがやってくるようになりました。近所の日本人のおばちゃんが孤立している子を心配してくれて、教室に案内してくる例もあったといいます。

一歩教室への参加を希望する方、支援を御検討いただける方は、
メールアドレス：ippoclassnagoya@gmail.com へご連絡ください。
お待ちしております。

おわりに

　私たちが暮らす地域社会は今、あらゆる面で大きな変化の中にあります。高齢者が増え、若者が減り、格差が拡大しています。不安定な雇用条件のなかで毎日を必死に生きる人たちがいます。そして外国から働きにやってきた人とその家族が増えています。その激変の中で、実際にはそうではないのに、まるですべての人に等しく学ぶ機会が開かれているかのような虚構、「学習機会の平等」という虚構の上で、厳しい競争が続いています。今の世の中の一番の問題は何か。その問いの答えは人によってさまざまでしょう。格差が拡大する中、努力しようにもスタート地点に立つことさえ難しい多くの人たちがいます。それにもかかわらず、進学や就職や結婚などのあらゆる局面で、まるで私たちのすべてが公平な競争によって担保されているかのような虚構を受け入れ、あるいは受け入れたくなくても結局は飲み込まれて弱い立場に立たされている人たちがたくさんいるのです。

　私たちは、それこそが一番の問題だと感じています。そういう居心地の悪さを心の奥底で感じながら、やってくる学習者たちに日本語や数学や理科などの勉強を同じテーブルで隣に座りながら考え、支えています。

競争がある以上、それはフェアでなければなりません。当然です。しかし現実は機会の平等が保障されていません。いえ、そもそも競争がフェアに行われたとしても、それが競争である限り、「頑張れば夢はかなうと自信を持っていえる人」と、「夢がかなわなかったのは努力が足りなかったからだと下を向く人」の二種類の人間が生まれます。競争は、それに参加する人を二種類に分けます。勝者は少なく、敗者は多いのです。そういう現状をそのままにしておくことは、結局は格差の拡大に加担し、それを容認することにつながるのではないでしょうか。

自由な競争こそが社会の活力を生み経済を発展させる原動力だとして尊重されています。そして「頑張れば夢はかなう」と学校で教えられ続けています。しかし、その教えのとおりに努力を続けていれば、必ず「夢はかなう」のでしょうか。

一つの夢がかなわなかったとき、人はどのように生きていけばよいのでしょう。それを教えることも、学校の大切な役割ではないでしょうか。そして挫折を経験する中で見つけた新たな目標に向かって努力する人を――その人が何歳であれ、性別がどうであれ、国籍の如何にかかわらず――、支える仕組みのある社会をつくっていくこと、弱い立場の人を支える人を育てることが実は、勉強の、教育の不可欠の目標ではないでしょうか。「誰も取り残さない」とは、そういうことではないでしょうか。

そもそも勉強とは、人と人が競い合う対象なのでしょうか。わからなかったことがわかるときに子どもも大人も、外国籍の人も日本人も、学習者が見せる喜びの表情は、それだけで意味があると私たちは信じます。しかし他の人よりも速く、正確に、たくさんのことがわかることを求められるようになると、つまり競争原理が働き始めると、学校は、わかることそれ自体ではなく、何かのゴールを目指して競争する場になってしまいます。その結果、何が起きているでしょうか。

生まれた国、地域、時代、家庭によってスタート地点が違う。それが歴史的現実です。戦争・紛争などの政治的・経済的混乱、自然災害によって貧困の中に放り込まれた子どもたちとおとなたちの様子が世界中で見られます。それに比べれば、私たちの毎日の暮らしは恵まれているといえるのかもしれません。しかし一見恵まれているように見える今の日本に生きる子どもたちの様子を少し注意してみれば、とても「私たち」とひとくくりにできないことがわかります。暴力に脅えながら、放置されながら毎日を過ごす子どもたちがたくさんいます。満足に食事のできない子どもがたくさんいます。病気の家族の世話をするために勉強の時間が取れない子どももたくさんいます。クラスで排除され、いじめられ学校に行けなくなった子どももたくさんいます。

私たちはそういう子どもたちがいることを「知って」はいます。しかし、同じ地域に住む私たちは、気の毒だね、かわいそうだけれど仕方がないねといって目をつぶり、役所が、教育委員会が何とかすべき問題だといって傍観者を決め込みがちではないでしょうか。そしてその結果、当事者の彼らはその苦境を運命として受忍することになっていないでしょうか。「オレ／ワタシ、親ガチャ／国ガチャ／時代ガチャはずれだからさあ」と自嘲して自らの将来の可能性を封印してしまう。そんな事例がどうか一つでもなくなるように。それが自主夜間中学の活動に参加する意味だと私たちは考えます。


さまざまな事情で学齢期に学校に通えなかった高齢者。いじめや不登校などで学校に生きづらさを感じている子どもたち。仕事をしに来た親と一緒に全然知らないニッポンに、つまりは来たいと思ってやって来たわけではなかったニッポンで暮らす、外国にルーツのある子どもたち。生まれた国や時代、家が貧しいのは、そして子どものときに学校に行けなかったのは、お母さんが病気なのはいったい、子どもたちのせいなのでしょうか。

かつて貧しかったとき、国策として外国へ移民を送り出した時代が日本にはありました。そう話すと、信じられないという顔をする外国の子どもがいます。家族を養おうと必死で働く移民たちは受け入れ国でさまざまな無理解や偏見、差別を受けました。日本にはそういう歴史もあるのです。「多文化共生」を進めるうえで最も手強いハードルは、ことばの学習ではありません。それは「自分たちと違う」少数者に多数派が抱く偏見、排除、差別意識です。外国人ばかりではありません。日本人でも「いい歳をして字が読めないんだって」「あいつのシャツ、どうしてあんなに汚いんだ?」というのは簡単です。けれどではなぜそうなのかと考える想像力を誰もがもっているわけではありません。

生まれた国が違っても、生まれた時代が違っても、親の事情が違っても、勉強したいと願う人がいるならば、その意欲をなんとか支えたいと私たちは思います。もって生まれた事情は違っていても、「わかった!」と喜ぶときの笑顔は同じように美しい。違いはありません。それぞれの違いを、努力を重ねて克服した先に、同じような笑顔が生まれる。なんと素晴らしいことでしょうか。一人一人の違いが偏見や差別に至るのではなく、お互いの違いを超えて認め合う、相互理解に至るように支えること。自主夜間中学の勉強の本当の目的は、そこにあると信じます。

付記

一歩教室が活動を始めたのは、二〇二〇年五月です。私はその年の二月に、約三十年間勤めた新聞社を定年退職し、翌二〇二一年八月から一歩教室の支援者になりました。身体にはだいぶガタが来ているとはいえ、まだ動くし、頭も今のところまあ大丈夫だったにもかかわらず、私は家で、退職したらゆっくり読もうと貯めこんでいた本を前に「晴読雨読」を始めた一方、さてとはいえこれから何をするべきかと思案中でした。そのころ、弱い立場にある人びとを支える活動を地域で展開している団体の活動を研究テーマの一つにしている妻の朝倉美江が、「こんな活動をしている人に会ったのだけれど、のぞいてみたらどうかしら」と誘ってくれたのが縁でした。

外国にルーツのある子どもたち・若者たちの生活については、静岡県浜松市で記者をしていたころ、少しかかわりがありました。日系の若者たちを熱心に支援し続ける研究者の方とも知り合いになり、お話をうかがいました。

そういうわけで、続けてみると、彼らだけでなく、義務教育を終えることのできなかった高齢者の方と話す機会も得て、彼らに日本語を教えるということは、実はそれだけではなく、生きていくために不可欠なスキルのトレーニングなのだということに気づきました。彼らの生活環境は概して厳しく、無理解や偏見、排除に囲まれていることもわかってきました。

教室の活動をまとめてみたい、と思い始めたのは、二〇二三年の春ごろです。ほどなく、活動をしている愛知県と名古屋市が、夜間中学の開設を計画していることがわかりました。在留外国人の数が全都道府県中、屈指の多さであるにもかかわらず、夜間中学の設置は遅れていました。十五歳以上で不十分な日本語の知識しかなく、昼間働いている彼らに、もしも夜、無償で通える夜間中学ができたらどれほどすばらしいことかと考えました。

彼らの多くは、今後も日本で働きたいと考えています。そのためには高校卒業資格が必要です。高卒資格は、週二十八時間以上働くための条件の一つなのです。

書いてみたい、と代表の笹山悦子先生に話しました。笹山先生は「高橋ドラゴンさんの見た通り、感じたままのことを書けばいいのですよ」と背中を押してくださいました。こうして、笹山先生のメールマガジンからの引用はもちろん、支援者の先生方にも執筆をお願いし、また日本語の上達著しい学習者の三人にも作文をお願いして、この本ができあがりました。お力をお貸しくださったすべての皆さん、一歩教室のすべてのみなさまに感謝すると同時に、万一誤りがあれば、それはもちろん私だけの責任であることを記します。

この本が夜間中学に関連するこの間の動きのすべてを網羅しているわけではないことは、いうまでもありません。それでも、一歩教室の活動と公立夜間中学開設に至るここ数年の歩みを、私が見聞した範囲の中だけでも書き記しておくことは、意義のあることだと信じます。

さらに全国の自主夜間中学、支援団体で活動を続けてこられ、一歩教室にお力添えをくださった支援者のみなさま、公立夜間中学設置に向け支援してくださった衆参両院、愛知県議会、名古屋市議会、教育委員会のみなさまにもこの場を借りて、改めて御礼申し上げます。また妻の美江が一歩教室につながる機会を与えてくれなければ、この本は生まれませんでした。

なにより、さまざまなことを教えてくれた一歩教室の学習者のみんな。毎日よく頑張っていますね。みんなの努力がちゃんとむくわれ、みんなの夢がかなう地域、国であるよう、支援者の私たちも毎日、努力を続けていきますね。

二〇二四年　盛夏

高橋龍介

参考資料

「全国夜間中学校研究会『義務教育機会確保法』成立に向けた諸活動について」(須田富美雄・足立区立第四中学校教諭)所収:『基礎教育保障学研究』第二号(二〇一八・〇八)二七―三三頁、webで閲覧。

横関理恵(北海道大学大学院院教育制度博士後期課程)「戦後における中学校夜間学級の成立過程――一九四七年から一九六〇年代の奈良県に着目して」『教育学の研究と実践』第一二号二〇一七年九月、一三―二三頁、web上で閲覧

江口怜(東北大学)「夜間中学政策の転換点において問われていることは何か――その歴史から未来を展望する」(一橋大学『教育と社会』第二六号、三五―四八頁、web上で閲覧)

小島祥美編著『Q&Aでわかる　外国につながる子どもの就学支援　できることから始める実践ガイド』(明石書店、二〇二一年)

外国籍47,619人、日本国籍10,688人。都道府県別では①愛知県10,749人②神奈川県5,261人③東京都3,636人④大阪府3,167人⑤埼玉県3,133人。
けた違いに多い愛知県の10,749人の内訳は、①小学校7,109（内特支400）②中学校2,826（同100）③高校674（定時制505＝高校生の75％）＋特別支援学級79。〕

2023.11.1　名古屋市教育委員会、市立夜間中学設置基本計画（案）を発表。校名を募集。

2023.12.3　公立夜間中学の設立を求める愛知連絡協議会が主催し「緊急シンポ！　どうなる愛知県及び名古屋市での公立夜間中学」をウィルあいちで開催。

2023.12.22　校名募集への応募108件（95案）中、「名古屋市立なごやか中学校」に決定と発表。

未修了者数を把握できるよう調査項目の変更を総務省に要請。

2020.5　自主夜間中学「はじめの一歩教室」、名古屋市北区上飯田で発足

2020.10　「令和２年国勢調査」実施（三カ月以上居住の外国人を含む）

2021.1.25　菅義偉総理大臣が衆院予算委員会で「今後五年間で全ての都道府県・指定都市に夜間中学校が少なくとも一つ設置される、このことを目指し、全国知事会や指定都市市長会の協力を得て、取り組んでいきたい」と答弁。

2021.6　「多様な児童生徒等の教育機会を保障するため、夜間中学の設置（中略）を推進する」（経済財政運営と改革の基本方針2021閣議決定）

2022.5　国勢調査の結果、2020年10月時点で、未就学者（小学校にも中学校にも在籍したことがない、または小学校中退）が約９万4,000人、最終卒業学校が小学校の者が約80万4,000人。計約90万人が義務教育を修了していないことが戦後初めて判明。９割が80歳以上。

2022.5.22　名古屋市教育委員会、2025年４月に県立夜間中学１校を設置予定と発表

2022.6.1　文部科学省、「夜間中学の設置・充実に向けた取組の一層の推進について（依頼）」を都道府県、政令市教育委員会に送付。

2022.11.28　愛知県知事、定例記者会見で夜間中学を豊橋工科高校に設置、2025年４月開校と記者発表。

〔＊一方、2023年６月末時点で、日本国内の外国人は約322万人。2021年度では、日本語指導が必要な児童生徒数58,307人（＋14.0％）、うち

習機会の充実に関する法整備等を求める意見書案」を全会一致で可決。北海道議会は同月、同名の意見書案をやはり全会一致で可決。後の教育機会確保法成立に結実する全国初の意見書。

2012〜2014　国会議員を対象に院内集会、シンポジウムなどが開かれ、夜間中学の必要性の理解者の拡大が図られた。

2013.11　衆院文教委員会メンバーと前川喜平文部省初等中等教育局長らが東京都足立区立第４中学校夜間学級を視察。

2014.4　超党派の「夜間中学等義務教育拡充議員連盟」が発足。馳浩会長、57人。

〔＊前川喜平氏は2021年３月の立憲民主党主催の勉強会で「文部科学省は夜間中学に対して冷淡だったが、2014年に超党派の国会議員による『夜間中学等義務教育拡充議員連盟』が発足し、当時担当の初等中等局長であった私は文科省の政策を180度転換することができた」と発言。〕

2014.7　「教育再生実行会議第５次提言」（閣議報告）で、「義務教育未修了者の就学機会の確保に重要な役割を果たしているいわゆる夜間中学について、その設置を促進する」と明記、国は初めて「夜間中学」を認めた。これ以前は都道府県レベル。従来の法的根拠は、「学校教育法施行令25条「市町村教育委員会は二部授業を行おうとする場合は都道府県教育委員会に届けなければならない」だけだった。

2016.12　義務教育の段階における普通教育に相当する教育の機会の確保等に関する法律」(義務教育機会確保法)成立。この後、文部科学省は、2020年に実施される国勢調査で、義務教育

夜間中学校関連の略史

1947.10　大阪市立生野第２中の「夕間学級」が端緒とされる。文部省の認可なし。

1949　神戸市立駒ケ林中の夜間学級が神戸市教育委員会に認可された。市町村教育委員会に認可された夜間中学はこれが全国初。

1951　足立区立第４中の伊藤泰治校長が東京で初めて夜間中学をつくる。

1953　文部省などが初の夜間中学調査実施。10都府県71校の公立夜間中学を確認

1954　全国中学校夜間部教育研究協議会（後の全国夜間中学校研究会、全夜中研）発足

1966　行政管理庁、「夜間中学早期廃止勧告」発出。

1967　「中学卒業程度認定試験」開始。学齢超過者への義務教育相当の教育を「社会教育・生涯教育」とする政府方針表明。

2003.2　全夜中研、「義務教育未修了は人権侵害である」として日弁連へ人権救済の申立書を提出。

2006.8　日弁連が「学齢期に修学することのできなかった人々の教育を受ける権利の保障に関する意見書」を国に提出。

2011　第57回全夜中研大会で「国会議員のみなさんに声を届け理解者を増やす」方針を明示。全国の現場からの声をもとに同年まとめた、「義務教育等学習機会充実法案」の成立を目指す方針示される。

2012.12.13　札幌市議会は全議員で提出した国に対する「義務教育等学

著者略歴
高橋龍介（たかはし・りゅうすけ）
1960年　東京生まれ。筑波大学卒業。同大学大学院修士課程修了。毎日新聞記者。2021年から「愛知夜間中学を語る会　はじめの一歩教室」支援者。

「はじめの一歩教室」やってるよ！
——名古屋の自主夜間中学奮闘記

2024年11月15日　　初版第1刷発行

著　者　　高橋龍介
発行者　　川上　隆
発行所　　株式会社同時代社
〒101-0065　東京都千代田区西神田2-7-6
電話　03(3261)3149　FAX　03(3261)3237
組　版　　いりす
装　幀　　クリエイティブ・コンセプト
印　刷　　中央精版印刷株式会社

ISBN978-4-88683-976-3